Impressum

© 2009 Dr. Heinz Steinmeyer
Herstellung: Books on Demand GmbH, Norderstedt
ISBN 978-3-8391-1316-5
Umschlaggestaltung: M. Steinmeyer
unter Verwendung eines Fotos © by tokamuwi, pixelio.de
Satz und Layout: M. Steinmeyer

Stark bewölkt mit Aufheiterungen

*Erinnerungen von
Heinrich Steinmeyer*

Vorwort

Im Leben treffen uns neben den Sonnentagen auch immer wieder
kleinere Heimsuchungen, gleich kräuselnden Meereswellen, die
unseren Weg nur leicht behindern. Doch auch schwerere Schick-
salsschläge versperren unsere Pfade, so als wollten sie sagen:
„Kein Durchgang". Meist überstehen wir auch diese Hindernisse,
vor allem wenn sie abgemildert durch eine göttliche Vorsehung,
vielleicht auch durch das Glück eines kurzen Augenblicks oder
einer helfenden Freundeshand überwunden werden können.
Wie freuen wir uns, wenn ein zuerst tosender Sturm sich in eine
mäßig starke Windströmung verwandelt hat. So verlief ja auch
mein Leben, nach allen Turbulenzen, zeigten sich immer wieder
Momente der Ruhe und des Innehaltens, die zur Dankbarkeit
mahnen.

Heinrich Steinmeyer

Zur Orientierung über die Auswahl meiner Erlebnisse

Meine Erinnerungen im vorliegenden Buch legen einmal einen
Schwerpunkt auf die Jugendzeit, weil hier eine große Einflussnah-
me eines uns heute unbekannten Regimes auf das Leben der Menschen sich tagtäglich zeigte. Auch für die Geschichtsüberlieferung
glaubte ich daher mehr darüber berichten zu müssen als über die
Ereignisse aus unserer Zeit, die wir heute erleben und die nicht
die Bedrohungen und Ängste von damals haben.

Zum anderen glaubte ich auch die Nachkriegsgeschichte intensiver beschreiben zu müssen, weil wir heute von dieser Notzeit nur
noch vom Hörensagen wissen.

H. St.

Erinnerungen

Es war eine von vielen Menschen erwartete Wende in Deutschland, als an einem Sommerabend auch im Ries bei Einbruch der Dämmerung sich ein Zug Uniformierter mit der Hakenkreuzbinde am rechten Arm langsam in Richtung der bayerisch-württembergischen Landesgrenze in Bewegung setzte. Vorneweg marschierte die Kapelle der SA-Standarte Nördlingen/Ries, gefolgt von Parteifunktionären mit dem Träger der unvermeidlichen Fahne und einer langen Kolonne von SA-Leuten im markigen Gleichschritt. Alt und Jung grüßten am Rande der Ausfallstraße hinter dem mächtigen Stadttor die Hakenkreuzfahne. Am Ende des Zuges formierte sich eine ungeordnete Schar von Kinder und Jugendlichen, die neugierig über das nächtliche Spektakel und angelockt von der Marschmusik dem gespenstischen Ausmarsch folgten. Inmitten der Kinderschar sprang auch ich zusammen mit meinen Freunden Werner, Hermann, Egon und Uwe. Schnell ging die Kolonne vorbei an einer langen Allee von Ahornbäumen, die längs der Straße lange Schatten auf den von Fackelträgern erleuchteten Marschweg warfen. Vorne trugen zwei Männer entschlossen eine große Baumsäge. Mir kam dieser Aufzug wie ein unwirkliches, geheimnisvolles Schauspiel vor. Es waren vielleicht zwei Kilometer Weg zurückgelegt, als sich die Marschkolonne verlangsamte und schließlich nach laut dröhnenden Kommandos zum Halten kam. Man hörte weitere Befehle, und Musik drang bis zu den hinteren Reihen, also auch zu uns Buben, durch. Eine längere Ansprache eines NS-Funktionärs hallte über die still Lauschenden hinweg. Das nächtliche Schauspiel wurde von den Fackeln mit ihren züngelnden Flammen spärlich erleuchtet.

Plötzlich hörte man die schrillen Geräusche einer Waldsäge und dann fiel der Grenzpfahl, der die Trennung zwischen Bayern und Württemberg markierte, laut krachend zur Erde. Die Menge der Umstehenden schrie begeistert auf, ein Redner sprach von der Einheit des neuen Deutschland und dann erklang die National-hymne, gespielt von der SA-Kapelle, und alle sangen begeistert mit. Meine Freunde und ich blieben stumm, weder Text noch Melodie waren uns vertraut. Wir gingen nun schnell den langen Weg am Bahndamm entlang und dann nach einer Rechtskurve auf einer Abkürzung zu den elterlichen Wohnhäusern nahe dem Stadtgraben zurück. Dort hatte meine Mutter schon besorgt den gewundenen Weg hinuntergeblickt, den ich auf dem Weg zum Elternhaus kommen musste. Erleichtert und mit einer freudigen Aufhellung ihrer durchfurchten Stirn nahm meine Mutter mich an der Hand. Zärtlichkeiten zeigte sie nicht offen, aber ich spürte bei jedem Blick, jeder Geste und Bewegung, dass meine Mutter mich ganz stark in ihr Herz geschlossen hatte. Sie brachte mich gleich zu Bett und betete mit mir noch – eine christliche Erzie-hung sollte ich ja bekommen – den Vers „Breit aus die Flügel beide, Du Jesus meine Freude". Jedes Mal, wenn ich die Worte „und nimm mein Küchlein ein" sprach, da verstand ich diese Worte nicht. Die Mutter musste helfen, wie sie ja meine Proble-me im kindlichen Alter von 6 Jahren immer löste. Vielleicht war der kleine Heinrich auch ein Lichtblick in ihrem düsteren, bishe-rigen Lebensschicksal: Das Elternhaus verhieß zwar der Mutter in ihrer Kind- und Jugendzeit großes äußeres Wohlergehen. Die Hopfs hatten durch Verkauf von Grundbesitz und durch ein großes Geldvermögen zu den vermögendsten Familien der Kleinstadt Nördlingen gezählt. So lebten sie vor dem Ersten Weltkrieg und Jahre danach als Privatiers, damals ein häufiges Dasein, in einem Einfamilienhaus mit einem kleineren Garten in der Nähe des Grabens hinter der Stadtmauer, die gut erhalten sich um die idyllische Kleinstadt legt. Etwas zurückgesetzt, jenseits des Stadtgrabens lag das Haus meiner Eltern auf dem Scheitelpunkt des leicht ansteigenden Promenadenweges „Am Bergergraben". Es wurde in der Gründerzeit gebaut und war von mächtigen Kastanien am Rand des Stadtgrabens eingeschlossen. Im Herbst, wenn die Blätter von den Bäumen fallen, gibt es immer reichlich Arbeit für alle Anwohner des Promenadenweges. Unten im Erdgeschoss befand sich das Wohnzimmer mit einem mächtigen, alten Kachelofen, es war die feine Stube, von meiner Mutter immer ganz ordentlich aufgeräumt. Der Linoleumboden, fein gebohnert, glänzte und spiegelte sich bei jedem Sonnenstrahl. Daneben befand sich das Schlafzimmer, das vom Wohnzimmer aus betreten werden konnte. Neben der Küche schloss sich ein kleines Arbeitszimmer an, das später mein Studierzimmer wurde und mit einem Bild des Ulmer Münsters geschmückt war. Im oberen Stock waren die Schlafzimmer für uns Kinder eingerichtet worden, als die Angehörigen meiner Mutter alle gestorben waren. Neben den Eltern meiner Mutter war ja auch noch ihr Onkel, ein Junggeselle, in das villenähnliche Anwesen 1910 eingezogen. Häufig kam auch noch der Bruder meiner Mutter, also mein Onkel, zu Besuch. Er hatte bei der Berliner Reichsbank seine Lehrzeit als Bankier verbracht und trat dann in die Dienste der Bayerischen Staatsbank. Er war ein großer Mann, von recht kräftiger Statur, meist in einem feinen Maßanzug auftretend. Auffallend war auch sein Stehkragen, der ihn hinderte nach unten zu blicken, dazu hatte er meist ein Monokel statt einer Brille. Handwerkliche Fähigkeiten besaß er nicht.

Seine Frau stammte aus einer alteingesessenen Brauereibesitzerfamilie in Nördlingen, doch konnte er in der Inflationszeit nicht viel unternehmen. Zusammen mit den Eltern und einem Bruder meines Großvaters lebte nun die Familie Hopf in Zufriedenheit und Wohlstand bis zum Ende des Ersten Weltkrieges. Nach der Inflation kam nun wie für viele vermögende Bürger, so auch für meine Großeltern eine Wende, zuerst nicht zu erkennen, selbst Finanzexperten wurden getäuscht. Das Geldvermögen meiner Großeltern, das sie aus dem Verkauf eines Gasthauses, einer Bäckerei und landwirtschaftlichem Besitz in ungewöhnlicher Höhe angesammelt hatten, war in großem Umfang nach Art einer Privatbank an Bauern gegen Zins ausgeliehen worden, in geringem Umfang hatte man Wertpapiere gekauft. Dazu erwarb man das hübsche Häuschen, ein kleiner Garten gab die Möglichkeit der Entspannung und phantasievoller Gestaltung mit Kieswegen und kleinen Rondells. Die Gläubiger zahlten pünktlich ihre Zinsen, von denen man bis zu den Inflationsjahren unbeschwert lebte. Doch dann war das Ungeheuerliche geschehen: Das gewaltige Geldvermögen der Hopfs in Höhe von 90000 Goldmark – das Haus kostete 7200 Goldmark – schmolz in den Inflationsjahren rapide dahin. Am Ende standen sie, wie viele andere Bürger des vermögenden Bürgertums, vor dem finanziellen Ruin. Nie gekannte Ängste und Depressionen gehörten jetzt zum Alltag und den langen, oft schlaflosen Nächten meiner Großeltern und meiner Mutter. Es gab keine Versicherungen, und die Eltern und der Onkel meiner Mutter waren schon über sechzig Jahre alt. Der Niedergang des deutschen Mittelstandes war perfekt.

Früher hatte meine Mutter in einem Geschäftshaushalt in Pforzheim die Aufgaben und Pflichten einer Hausfrau kennen lernen sollen, aber dazu auch alles andere lernen müssen, was eine Tochter aus wohlhabendem Hause für eine Heirat mit einem standesgemäßen Mann in die Ehe bringen musste. Aber jetzt war meine Mutter von einer einst umworbenen, reichen, begüterten Bürgerstochter zu einem kaum beachteten, stillen Aschenputtel geworden. Doch eines Tages kam auch für sie ein Freier. In der Nähe der kleinen Villa war ein Bauernhof, wo Babette, meine Mutter, häufig die Milch holte, und da kam auch Fritz, ein Bahnangestellter hinzu, dessen Verwandte in der Nähe wohnten. Fritz war unkompliziert, ein junger Mann aus der Umgebung der Stadt, ein gemütsstarker Mensch, dem meine hübsche Mutter gefiel. Er war vor vier Jahren als Soldat in einem bayerischen Gebirgsjägerregiment vom Weltkrieg heimgekehrt. Fritz hatte in der schwersten Schlacht im 1. Weltkrieg, der von Verdun, Schreckliches erlebt, aber auch im Einsatz auf dem Balkan wurde er mit den Grausamkeiten des Krieges konfrontiert. Oft erzählte er meiner Mutter von seinen Erlebnissen. 1922 war dann die Hochzeit, wohl eine Liebesheirat, verbunden mit der Hoffnung meiner Mutter, in der drückenden wirtschaftlichen Lage eine Stütze gefunden zu haben. Fritz' Gedanken schweiften trotz des hoffnungsvollen Neuanfangs im Zivilleben oft in die Kriegszeit, als er vor Babette und ihren

Angehörigen von der Schlacht um Verdun berichtete: 6000 Geschütze, so erzählte er öfters, haben eines Abends zusammen bei Freund und Feind losgedonnert, und ein riesengroßer Wald war am nächsten Tag auf wenige Baumstümpfe zusammengeschmolzen. Bewundernd und erschüttert zugleich hörten die Hopfs zu, als er von einer solchen Urgewalt der Materialschlachten seinen Zuhörern berichtete. Diese von Menschen hervorgerufene Katastrophen ruhten tief in Fritz Seele. Unvergessen blieb auch der Einschlag einer 42 cm Granate aus einer deutschen Haubitze, die man „Dicke Berta" nannte, in einem französischen Schützengraben, der nachher von Fritz und seinen Kameraden gestürmt wurde: Reihenweise lagen die französischen Soldaten tot nebeneinander, allein der Luftdruck der Granate hatte ihre Lungenbläschen zerfetzt. Fritz konnte mit immer neuen Erlebnissen seine Zuhörer fesseln, war er doch als 19-jähriger Bauernsohn nach einer Zimmermannslehre in den Schlachten auf dem westlichen Kriegsschauplatz dem grausigen Töten und Sterben ausgeliefert worden. Junge Soldaten hatte er im Granathagel nach ihren Müttern schreien hören, Pferde ohne Füße und mit zerfetzten Körpern waren ein immer wieder zu sehender Kriegsalltag. Unvergesslich blieben auch die Eindrücke vom Kriegsschauplatz auf dem Balkan, wohin das Bayerische Alpenkorps nach dem Ende des Ringens um Verdun verlegt worden war. In Mazedonien erkrankte mein Vater an Malaria. Als der Stabsarzt eines Tages die Reihen der Schwerkranken durchschritt, hörte er, wie der Arzt, auf ihn deutend, meinte: „der wird auch nicht durchkommen". Doch mein Vater überstand es, und war von da an sehr skeptisch gegenüber Arztprognosen.

Auf die Rumänen, denen die Deutschen hier gegenüber lagen, war mein Vater nicht gut zu sprechen: Einmal rückten sie überraschend schnell vor und überrannten die deutschen Stellungen, Verwundete mussten zurückgelassen werden. Doch dann stürmten die deutschen Soldaten wieder vor und warfen die Rumänen nach Eintreffen von Verstärkungen weiter zurück. Als sie sahen, dass alle zurückgelassenen verwundeten Kameraden mit durchschnittener Kehle dalagen, kannte man kein Pardon mehr und alle rumänischen Gefangenen wurden niedergemacht. Wenn Fritz solche Erlebnisse erzählte, dann zeigte sich wilde Entschlossenheit in seinen Augen. Hart konnte er immer noch sein, mein Vater, der zusammen mit seiner Babette, der stillen, gescheiten und edlen Bürgerstochter, in diesen Krisenjahren die vier Kinder, den Schwiegervater, die Schwiegermutter und ihren Onkel, der mit der Familie zusammenlebte, ernähren musste. Armut und schwere Arbeit lastete auch auf meiner Mutter, der allerdings durch eine Zugehfrau eine wöchentliche Hilfe zur Seite stand. Ihr Mann, mein Vater, hatte einen Arbeitsplatz bei der damaligen Reichsbahn gefunden, mehr durch Zufall. Aber es war ein denkwürdiger Vorgang: Mit seinem Kriegskameraden Alfons ging er nämlich eines Tages zur kleinen Bahnmeisterei und fragte ganz gelassen und ein wenig schlaksig den ihn streng musternden Bahnmeister nach einer Tätigkeit: er sei im Krieg gewesen und er suche nun eine Arbeit bei der Eisenbahn. Mit strenger Miene betrachtete der Beamte, ein ehemaliger Pionierfeldwebel, mit einem auffallend dicken Schnurrbart und hochgezogenen Augenbrauen meinen Vater, der etwas disziplinlos wirkte. Er zog die Augenbrauen hoch, der Schnurrbart sträubte sich, und barsch kam es heraus: „Nein, wir haben keine Arbeit für Sie!" Ein verächtlicher Blick auf den leger dastehenden jungen Mann beendete die Vorstellung. Enttäuscht und verunsichert verließ mein Vater das Büro und teilte seinem wartenden Freund das Ergebnis des Gesprächs mit. Der meinte nur: „Bist du stillgestanden, hast Du die Haken zusammengeschlagen und gesagt, dass Du gedient hast, dass Du im Krieg warst und das Eiserne Kreuz, Zweiter Klasse, bekommen hast?" „Nein", meinte Fritz kleinlaut, „so bin ich nicht aufgetreten". „Also geh nochmals hinein", riet ihm Alfons. Mein Vater versuchte es nochmals, klopfte etwas energischer an und trat nach dem „Herein" gefasster vor den altgedienten Feldwebel und schlug zackig die Haken zusammen. „Bitte gehorsamst um Auskunft, ob ich bei der deutschen Eisenbahn eine Arbeit bekommen kann; ich habe vier Jahre im Krieg gedient und habe das Eiserne Kreuz 2. Klasse." „Sie waren doch eben schon hier?" meinte sein Gegenüber. „Wie heißen Sie denn?" Dann lief alles sehr schnell. Mein Vater bekam eine Tätigkeit im Streckendienst.

In dieser Position war er nun schon zwei Jahre, als die wenig pompöse Hochzeit mit Babette stattfand.

In der Umgebung meiner drei Geschwister, der Helene, dem Fritz und der Gerda, wuchs ich, fast ängstlich von der Mutter umsorgt, unbeschwert in dem schön gelegenen Einfamilienhaus auf. Wir fanden Anschluss und Freunde bei den Kindern in der Nachbarschaft. Besonders der Dresl, Abkürzung von Andreas, der einige Häuser weiter entfernt wohnte, war ein nimmermüder Anreger für die Umtriebe der großen Mädchen- und Bubenschar am Berger Graben und Hohlen Schänzle. Zu ihr gehörten die Nachbarskinder Werner und Hermann, die Kinder des Stadtamtmanns Mohr, Emmi und Egon, sowie die große Nachkommenschaft des Landwirtschaftsrates Simon. Das Haus des Landwirtschaftsrates war nicht groß, doch für die Kinder Uwe, Ingrid, Ingeborg und Detlev ein richtiges Paradies mit einem üppig bepflanzten Garten. Der Dresl brachte diese munteren Kinder vom Planen der Spiele und Streiche zum gemeinsamen Handeln. Im Sommer organisierte er Kasperlabende im Garten des Elternhauses, der Eintritt in die lampiongeschmückte Arena betrug einen Pfennig. Dann entführte der „Kasper", alias Dresl, zusammen mit seinem Freund Krämer, der auch die Kulissen malte, die amüsiert lauschende Zuhörerschar in die Abenteuer- und Geisterwelt seiner phantasievoll erfundenen Geschichten. Auch sonst war der Dresl der findige Anführer. Ein Jugendstreich, den auch der Dresl ausheckte, blieb allen bis heute in Erinnerung: Man suchte am Hohlen Schänzle eine Stelle aus, wo die Büsche neben dem Weg am dichtesten waren und auf dem damaligen Kiesweg mühelos eine kleine Rinne von der Mitte des Weges bis zum Aufenthaltsplatz der Kinder hinter den Büschen gegraben werden konnte. In der Rinne wurde eine Schnur verlegt, an deren Ende im Weg ein mit Steinen prall gefüllter Geldbeutel befestigt war. Dann wurde die Rinne fein säuberlich zugedeckt. Hinter den Büschen lauerten die „Bösewichter" dann auf die ersten Opfer: „Siehe da, eine Geldbörse, und wie prall gefüllt sie ist", hörte man etwa von einer älteren, vornehmen Dame, die sich mit ihrem Begleiter gleich nach dem vermeintlichen Fundgegenstand bückte. Doch dann ein Zischen, Staub wirbelte auf und Angstschreie sowie Flüche tönten durcheinander. Manchmal flog auch ein Spazierstock in die Büsche, wo man die Missetäter vermutete. Diese waren aber bereits in wilder Flucht den Graben mehr hinuntergerutscht als gesprungen. Es drängte sich alles in Sekunden zusammen, doch die diebische Freude der Mädchen und Buben hielt bei jedem gelungenen Streich noch lange an, ebenso der Schrecken bei den erwachsenen Gehörnten. Dieses Spiel wurde dann am Nachmittag mehrmals wiederholt. Mein Papa hat der Kinderschar noch ein anderes großes Vergnügen bereitet. Er bastelte aus einem Brett und vier kleineren Rädern autoähnliche Kisten, die durch einen Stab von einem Mitglied der Kinderschar angestoßen wurden. Hohe Geschwindigkeiten konnte man so auf dem Promenadenweg erreichen, der in einer langen, abschüssigen Kurve vor der Hauptstraße auslief. Doch diese frohe Jugendzeit wurde für mich eines Tages jäh unterbrochen. ‚Eine eitrige Blinddarmentzündung', war die Diagnose des Hausarztes, als ich, gerade fünf Jahre alt, in meinem Bett, umringt von der weinenden Mutter und den Geschwistern, über heftige Leibschmerzen klagte. Vom Hausarzt wurde ich in die Klinik eingeliefert, wo die Ärzte zweifelten, voran der Chirurg, ob der kleine Patient diese Krankheit überhaupt überstehen würde. Bange, angsterfüllte Stunden erlebten sie nun alle, die Mutter, der Vater, die Geschwister und die Nachbarn. Nach acht Tagen erhellte sich allmählich die Düsternis des Krankheitsbildes, die Operation war erfolgreich verlaufen. Der Eiter musste durch eine künstlich angelegte Röhre abgeleitet werden. Hoffnung erfüllte bald wieder die Familie, Mama brachte den Stoffbären, mein Lieblingstier, zum Krankenbett. Ich fühlte mich wohl im Krankenzimmer, nur ein Mann, der Herr Köhler, der gegenüber lag, störte mich. Ihn wollte ich nicht, wie ich immer wieder zu meiner mich täglich besuchenden Mutter sagte. Eine seltsame Phobie verdunkelte meine Seele. Doch der Herr Köhler begegnete mir freundlich, redete mir gut zu und tat alles, um meine Gunst und Zuneigung zu gewinnen. Schließlich verstummten meine Klagen, die Gewöhnung ließ mich alles vergessen. Viele Besucher kamen an mein Krankenbett, darunter auch eine Nachbarin, eine ältere Dame, die mir leckere Süßigkeiten mitbrachte, die ich gleich gierig verschlang. Doch bald zeigte sich eine dramatische Verschlechterung meiner Krankheit, und es wurden heftige Vorwürfe gegen die Besucherin erhoben. Aber die Genesung schritt schneller voran, als von den Ärzten und Angehörigen erwartet. Nach vierwöchigem Aufenthalt in der Klinik holte mein Vater mich ab und trug mich zuerst auf dem Arm im Garten des Einfamilienhauses herum, wo – es war gerade Anfang Mai - die Wiedergeburt der Natur, aber auch meine Genesung, mir neuen Auftrieb gab. So hatte es wohl der Vater geglaubt und er stand mir mitfühlend zur Seite.

Bald wurde jedoch dies alles in den Hintergrund gedrängt, ein neuer Lebensabschnitt, die Schulzeit, baute sich wie eine große, graue Wand vor mir auf. Die Buben der Nachbarschaft, vor allem Werner, bestürmte ich mit Fragen. Ja, ruhig müsse man stundenlang sein, Aufgaben gäbe es, nicht immer einfache. So brachten sie mich aus der Ruhe. Ich wandte mich an die Mutter, die auf alles eine Antwort wusste. So ging es dann eines Tages an der Hand der Mutter los: Im Klassenzimmer saß ich in einer langen Holzbank, neben mir noch drei andere Kinder, oben auf der Bank waren Öffnungen für die Tintengläser, daneben eine lange Rinne für die Bleistifte und den Federhalter. Man saß also zu viert nebeneinander, die Hände der Schüler mussten im Unterricht dicht nebeneinander auf der rissigen Holzbank liegen. So wollte es damals die Schulzucht in der Volksschule, und die Lehrer achteten streng darauf. Ich folgte wie gebannt dem Unterricht, die Angst war immer die Schwester meines Gehorsams. Anders bei den Mitschülern Günter und Heinrich. Gleichgültiger und zerstreuter folgten sie dem neuen Ritual. Der beleibte Lehrer mit Schnurrbart und einem langen Rohrstock in der Rechten erklärte die gedruckten Buchstaben an einer besonderen Tafel. Als ich den Übungen einmal trotz krampfhafter Aufmerksamkeit nicht mehr folgen konnte, wurde ich vom kritischen Lehrer mit den kleinen, listigen Äuglein hinter der Brille sogleich ertappt und vor der Klasse heftig getadelt. Ich brach in lautes Schluchzen aus, das von dem beißenden Spott der Mitschüler nur noch gesteigert wurde. Ein tröstendes Wort des Lehrers, der von meinen guten Eigenschaften berichtete, konnte allmählich meine Seelenlage stabilisieren. Ein anderes Ereignis aus dem ersten Schuljahren hat sich tief in mein Schülerherz eingegraben: Beim Religionsunterricht musste man, da es ja eine Gemeinschaftsschule war, von einer Schule zu den konfessionsgleichen Schülern der anderen Anstalt wandern. Einmal machten die evangelischen Schüler in der alten Bastei Halt, einer Befestigungsanlage im Mauerkranz der alten Umwehrung. Einige ganz gwiefte, frühreife Mitschüler brachten Zigarren mit, die sie nun im Rund der Anlage, in einem vertrauten Winkel schmauchten und das Schuldasein vergaßen. Ich pustete beim ersten Zug laut auf, es schmeckte nicht, das rauchige Zeug, andere Mitschüler dagegen zogen stolz – wohl schon vertrauter mit Rauchen – an dem Genussmittel. Man kam sich fast wie bei einer Friedensfeier der Indianer vor. Jeder schaute den blauen Ringeln ganz hingegeben nach. Schließlich marschierten wir los. Pünktlich zum Religionsunterricht kamen wir nun nicht mehr in das Klassenzimmer. Etwas geduckt, dazu bleich und mit ängstlicher Miene betrat die Bubenschar das Klassenzimmer. Der Lehrer, ein hagerer, großer Mann erwartete mit einer Zornesfalte auf der Stirn die Delinquenten. „Nichts sagen", meinte mein Mitschüler Heinrich zu mir, der ich, niedergedrückt, eher alles beichten wollte. Doch Fritz, ein lehrerhöriger Schüler, gestand alles. So erhielten wir die übliche Strafe: Tatzen, d.h. scharfe Schläge auf die ausgestreckte Hand mit dem Rohrstock des kräftig ausholenden Lehrers, aber auch Hosenspanner, das waren Schläge auf das Hinterteil des Schülers. Wegen der Schmerzen konnten wir kaum noch den Worten des Religionslehrers, der selbst kein Pfarrer war, lauschen. Dazu kam noch der Spott der am Rauch-Happening nicht beteiligten Schüler. Kurzfristig wurde aber alles wieder vergessen.

Die Schulstunden waren bald in ein abwechslungsreiches Konkurrieren mit dem Dienst im Jungvolk geraten. Es war die Unterorganisation der Hitlerjugend. Der Bannführer, also der Jugendführer am Ort, war ein Lehrer, der in meiner Nachbarschaft wohnte. Dieser trat als ein Führer auf, der stark auf Disziplin und Ordnung sah, sogar auf dem Kiesplatz neben der zweigeteilten Turnhalle. Vor dem Eingang stand das Schild: „Radfahren auf dem Sportplatz verboten". Der Platz war jedoch schön eben und mancher noch etwas ungeübte, jugendliche Radfahrer fühlte sich wie auf einem Übungsplatz. So war es auch an einem heißen Sommernachmittag, als ein Junge mit schnellen Tritten in den Pedalen über den Platz raste, bis die harte Kommandostimme des Bannführers, alias Lehrer, den Radler mit den Worten stoppte: „Hast du nicht gesehen, was auf dem Schild am Eingang steht?" „Doch, doch". „Dann aber schleunigst abgestiegen" rief der aufbrausende HJ-Funktionär und gab gleich zwei saftige Schläge dem Jungen auf die rechte Wange, dass er leicht zurücktaumelte. Ich, der dies mit einigen Schulkameraden sah, war ganz erregt und meinte: „Dem (gemeint war der Bannführer) gehört auch eine hingehauen." Doch nicht jeder der dabeistehenden Jungen dachte so, einer ging ganz beflissen zum Bannführer und berichtete von meinem frechen Reden. „Wo ist der Kerl?" schrie der sich beleidigt Fühlende, und ehe ich entkommen konnte, hatte ich schon eine ganz kräftige Ohrfeige verpasst bekommen, zur Freude der umstehenden Mitschüler und zu meinem Leid. Ja, so war es immer bei mir, Empörung über Gewaltakte und ungerechtes Vorgehen, soweit nach meiner Meinung geschehen, konnte ich nicht unterdrücken, es musste heraus, ich konnte oft mitleiden, bis zum Schuldigwerden.

Am nächsten Tag wartete am Schulweg meine Mitschülerin Lydia, ein gesprächiges, freundliches Mädchen, dem ich fast täglich auf dem Schulweg begegnete. Ihr erzählte ich alles über den Bannführer, sie zeigte Mitgefühl und tröstete mich. Der Mutter konnte ich jedoch nichts sagen, der Bannführer war ja Nachbar, meine Mutter grüßte ihn immer mit „Guten Tag, Herr Hauptlehrer", „Heil Hitler" mochte sie nicht sagen, sie war keine überzeugte Anhängerin der Hitlerbewegung, die rohe Art der Hitlerleute und deren Reden gefielen ihr nicht. Doch in diesen Tagen war der Herr Jugendführer nicht mehr so höflich, fast mürrisch ging er an meiner Mutter vorüber. Ich mied jedoch den Sportplatz nicht, wo der damalige Bannführer weiterhin nach Recht und Ordnung sah, wie er es verstand.

Doch eines Tages, an einem heißen Nachmittag im Sommer, erlebte ich etwas tief Erschütterndes: Es war der Anfang des Krieges, als immer mehr auch in der Stadt einquartierte Wehrmachtseinheiten auf dem Sportplatz in Nördlingen exerzierten. Ein erboster Feldwebel hatte sich einen älteren Soldaten, der wohl Reservist war und anscheinend einen Fehler beim Exerzieren gemacht hatte, besonders vorgenommen. Er ließ ihn vorexerzieren mit den Kommandos: „Hinlegen, auf marsch, marsch, hinlegen, robben"... Gerade, wenn der Arme im Torraum des Spielfeldes war, wo der fehlende Rasen durch Kohlenstaub und Asche ersetzt war, musste er sich hinlegen und robben. Sein Gesicht wurde sichtlich von dem Schmutz dunkler gefärbt, der Atem ging immer schneller, schließlich röchelte er nur noch. Der Gequälte blieb längere Zeit liegen, bis auch der Feldwebel das Trauerspiel beendete. Bei mir regten sich von Anfang der Tortur an starke Mitleidsgefühle und dann eine stille Wut ob solcher Schikanen. Bedrückt ging ich mit meinem Fußball nach Hause, das Leder fest umfassend. Einige Jungen meinten, ich solle ihnen doch meinen Ball zum Spiel leihen, aber ich war zu keinem Spiel mehr zu bewegen. Der Mutter und den Geschwistern erzählte ich nichts, es blieb tief und unvergessen in mir verborgen. Lange konnte ich an diesem Abend nicht einschlafen. Der nächste Morgen brachte wieder den gewohnten Schulalltag in der Gemeinschaftsschule, in der ehemaligen Katholischen Volksschule an der Stadtmauer, wo evangelische und katholische Schüler nach einem Gesetz der NS-Regierung jetzt gemeinsam unterrichtet wurden. Lehrer war jetzt in der 3. und 4. Klasse ein etwas korpulenter, mit einer dicken Hornbrille dreinblickender Oberlehrer. Manchmal ließ er sich zu Wutausbrüchen hinreißen, so wenn eine Mitschülerin, ein etwas unordentliches, schüchternes Mädchen, ihre Hausaufgaben wiederholt nicht gemacht hatte. Da packte er eines Tages den Papierkorb und warf ihn mit aller Gewalt in Richtung der Schülerin, alles duckte sich angstvoll hinter den Schulbänken, bis der Lehrer sich wieder beruhigt hatte. Doch meist hatte sich der Pädagoge in seiner Gewalt, galt es doch die Schüler auf den Übertritt in die Oberschule des Städtchens vorzubereiten. Ich hatte mit den Anforderungen in der Klasse keine Schwierigkeiten, obwohl ich mit meinem besten Freund oft den ganzen Nachmittag in dem Hinterhof eines Wohnviertels verbrachte. Auch sonntags traf man sich im Kindergottesdienst, um manchmal die Betreuerin unserer Gruppe durch allerlei Rüpeleien aus der Fassung zu bringen, wenn sie nach dem Inhalt der eben erzählten christlichen Geschichte fragte. Die Gruppenleiterin war die Tochter eines Eisenbahners. Sie machte es sehr gewissenhaft und war darauf bedacht, dass alle Kinder ihre biblische Geschichtserzählung verstanden. Ihren Mund hielt sie nach der Erzählung oft zusammengekniffen, wenn sie streng Ordnung und Mitarbeit einforderte. Mir kam es manchmal etwas gekünstelt vor. Doch ich wollte ihr folgen, zumal auch meine Schwester sie gut kannte. Später wurden wir noch aufsässiger, als mit dem 10. Lebensjahr auch der Jungvolkdienst die Schüler in die Pflicht nahm und zugleich mit dem Kindergottesdienst oft eine Jugendfilmstunde der Hitler-Jugend stattfand, so geplant, damit die Jugendlichen nicht mehr zur Kirche gehen konnten. Am Anfang der Filmstunde wurde die „Deutsche Wochenschau" gezeigt, meist Ausschnitte aus dem politischen und während des Krieges vor allem aus dem militärischen Geschehen an den Fronten. Es waren natürlich keine objektiven Kriegsberichte, sondern alles gefärbt durch NS-Propaganda. So kann ich mich noch gut erinnern, wie am Anfang des Russlandkrieges russische Gefangene gezeigt wurden, die abgemagert aus tief liegenden Augenhöhlen in die Kamera starrten und als „Untermenschen des Bolschewismus" dargestellt wurden. Sie waren jedoch vom Kampfgeschehen erschöpft und verängstigt. Es waren immer wieder „anschauliche Ergänzungen" zu der NS-Propaganda in den Tageszeitungen. Nach der Wochenschau folgte dann der Spielfilm, meist die Darstellung einer Persönlichkeit aus der deutschen Geschichte, wie „Friedrich der Große" oder „Bismarck" oder „Schillers Leben und

Dichten", dann auch der Hetzfilm „Jud Süss", also alles was den Hitlerjungen „völkisch und rassisch" bilden konnte.

Aber das wichtigste Zukunftsgeschehen war für mich damals der Übertritt in die Oberschule, was mit einer Aufnahmeprüfung verbunden war. Mein Vater hatte schon Wochen vor der Aufnahmeprüfung dem Lehrer von unserer Hausschlachtung große Stücke Schweinefleisch und Bratwürste gebracht, um den Lehrer, der es froh lächelnd in Empfang nahm, noch mehr für mein Fortkommen gnädig zu stimmen. Doch die Prüfung fand in der Oberschule statt, und der Volksschullehrer hatte hier natürlich keinen Einfluss. Die Tests bestand ich bereits im Schriftlichen so gut, dass ich ohne eine mündliche Ergänzungsprüfung den Übertritt auf die Oberschule, wie damals das Gymnasium hieß, bewältigte. Im April 1939 musste ich von meinen bisherigen Mitschülern in der Volksschule Abschied nehmen, einige konnte ich beim Übertritt auf die Oberschule noch lange nicht vergessen, vor allem ein semmelblondes, rotbackiges Mädchen. Es war erst vor einigen Monaten mit ihren Eltern, einer deutschstämmigen Kaufmannsfamilie aus Südamerika, nach Deutschland gekommen. Sie hatte etwas Lustiges, auch überaus Freundliches an sich, was uns beiden Jungen, meinem Freund und mir, besonders gefiel. Einmal begegneten wir ihr mit einer Freundin an einem kalten Wintertage am Stadtgraben. Sie trug einen roten Anorak und ihre hellen Haare waren großenteils unter einer mit rot-blauen Ringen verzierten Mütze verborgen. Ihre hellen Augen leuchteten wie die Blüte einer kräftigen Vergissmeinnicht, fast etwas schelmisch wirkten sie, als das Mädchen uns, die beiden Jungen, erblickte. Wir stupften einander, kicherten und sprachen etwas Undeutliches in Richtung der Mädchen, die aber nichts verstanden und tuschelnd weitergingen. Sie spürten die ungewöhnliche Freundlichkeit von uns, aber das war schon alles.

Der Schulalltag an der Oberschule mit den vielen neuen Eindrükken ließ die vergangene Schulzeit außer der blonden Neuen aus Südamerika bald vergessen, zumal meine Schulfreunde mit in die neue Schule überwechselten.

Zudem ging das neue Schuljahr gerade in das erste Kriegsjahr hinein, das auch in der Schule manche Neuerung brachte. Über 40 Schüler zählte die erste Klasse, der Klassenlehrer war ein etwas älterer Herr, der an dem Revers seines braun gestreiften Anzugs deutlich das SA-Abzeichen trug. Dunkel gebräunt trat er immer am Morgen, wenn er in der ersten Stunde das Fach Englisch unterrichtete, vor seine Schüler und begann seinen Unterricht im leicht fränkischen Dialekt mit „Heil Hitler". Bei Wanderungen und Veranstaltungen im Schulhof, etwa beim Geburtstag des „Führers" oder beim 9. November (dem Marsch zur Münchner Feldherrnhalle 1923, wo viele Nazis erschossen wurden), hörte man schon von weitem und deutlich sein Kommando: „Aufstellen und Aufschließen, Jungs". Im Englisch-Unterricht dozierte er meist mit dem Buch oder Manuskript. Auf den Unterricht bei Prof. Gimpel, auch Schimmi, wegen seines rotblonden Haares genannt, freuten wir uns besonders, einmal, weil er ganz kindgemäß unterrichten wollte. So sprach er von einer Frau „Ordnung", der man alles recht machen sollte, die Hausaufgaben, das Auftreten, das Äußere, die Schultaschen usw. Er meinte wohl mit einer erfundenen Person, so einer Art Übermutter, ja Göttin, könnte er die Schüler, vielleicht in Erinnerung an ihre eigenen, führsorgenden Mütter, leichter zur täglichen Disziplin hinführen. Dazu kam noch ein anderer Versuch, sich die Herzen der Schüler geneigt zu machen. Er hielt gern Vorträge vor der Klasse, vor allem zum aktuellen Kriegsgeschehen – war er doch der Vertrauensmann des VDA (Vereins für das Deutschtum im Ausland) – und wenn man ihn dazu bat: „Oh, Herr Professor,(in Bayern sagt man zu jedem Lehrer an den höheren Schulen so), geben Sie uns doch einen Lagebericht", so konnte er sich da kaum zurückhalten. Er war recht eitel und von seinen Fähigkeiten überzeugt, gute Vorträge zu halten. Einmal, es war nach dem Kriegseintritt der USA (vorausgegangen war die deutsche Kriegserklärung) im Dezember 1941, kommentierte er dieses Ereignis so: Die USA seien kein ganz ernstzunehmender Gegner, da Amerika doch ein Volk von vielen Rassen sei, also ein Völkergemisch, das von vornherein der deutschen Rasse unterlegen sei, mehr ein „Koloss auf tönernen Füßen". Im Deutschunterricht musste ich einmal erfahren, dass dieser Lehrer auch rasch ein anderes Gesicht zeigen konnte und nicht so harmlos war, wie es mein Mitschüler erzählte, dessen Tante seine Geliebte war und der allerhand lustige Geschichten über ihn wusste. Es war beim Vortrag eines Gedichtes und zwar Schillers „Glocke", als auch ich herausgerufen wurde und zeigen sollte, dass ich es gut auswendig und auch brillant vortragen konnte. Bei der Stelle „und es wallet und siedet und brauset und zischt" munterten mich die Mitschüler mit Händen und Kopfbewegungen noch mehr zum effektvollen Vortrag auf. Doch ich konnte mich nicht mehr beherrschen und brach in ein lautes Lachen aus. Der Lehrer war ganz konsterniert und rief „Was ist denn das? Setz Dich, Note sechs und eine Stunde Arrest". Ich war bleich geworden, konnte die Reaktion des Lehrers kaum begreifen und ging kleinlaut auf meinen Platz. Ich trug dann noch lange an diesem Eklat.

Wenig später kam es in der Musikstunde im Hallgebäude zu einem Zwischenfall, der auch deutlich die Spannungen in der NS-Zeit zwischen den einzelnen Lehrern an der Oberschule zeigte. Es war Ende Juni 1940, der Musiklehrer mit dem Goldenen Parteiabzeichen auf dem Revers seines braunen Anzugs wollte mit seinen Schülern einen selbst komponierten Kanon mit dem Titel „Meiner ist auch dabei" einüben. Er teilte die Klasse in drei Kanongruppen, nachdem er noch kurz den Inhalt der Komposition erklärt hatte: Man müsse sich vorstellen, dass nach dem Ende des Frankreich-Feldzuges die zurückkehrenden Soldaten beim Marsch durch eine Stadt von ihren am Straßenrand wartenden Frauen, Müttern, Verlobten und Freundinnen stolz begrüßt würden. Gegenseitig rufen sie sich zu: „Meiner ist auch dabei". Nach dieser Erklärung begann man nun, den Kanon einzuüben. Ich wusste nicht, zu welcher Gruppe ich gehörte, der Lehrer hatte über meinen Kopf hinweg die Kanongruppe begrenzt, sodass ich meist bei beiden Gruppen mitsang, aber immer mit der falschen Melodie. Neben mir saß ein Mitschüler, der eine sehr tiefe Stimme hatte, gerade als ob er schon im Stimmbruch wäre. So ertönten aus unseren beiden Kehlen immer recht grobe Misstöne in Richtung des Chorleiters. Aber auch bei anderen Jungen herrschte Unklarheit über Melodie und Text. Der Lehrer versuchte, mit Händen und Füßen am Klavier wild gestikulierend, Ordnung in das Sängerchaos zu bringen, doch vergeblich, der Tumult wurde immer drohender. Da ging plötzlich die Tür auf, und der Direktor stand im Musikzimmer: „Ja, was ist denn da los?" So sprach er energisch zu dem Musiklehrer. Der erklärte ihm seinen Kanon; doch der Schulleiter winkte ab; „Ach, Herr Kollege, singen Sie doch mal das schöne Lied „Freiheit, die ich meine...", das können doch alle". Flugs schlugen die Schüler das Liederbuch auf, und nach einigen Klaviertakten erscholl es freudig aus begeistertem Schülermund. Die Freiheit, das verstehen doch alle, die Sehnsucht nach Befreiung von Schulfrust, dem täglichen Zwang der jungen Menschen in Schule und auch Hitler-Jugend, ja dem ganzen diktatorischen Staatswesen, das gab einen mächtigen Chor von persönlichem Glücksgefühl. Ich und auch manch anderer – wenn auch nicht alle – erträumten sich eine andere Welt. So hatte es wohl auch der „Rex" empfunden, aber es waren nur Momente, wo er sich völlig frei bewegen konnte oder wollte. Es gab NS-Aufpasser im Lehrerkollegium. Meist trug der Rex das SA-Abzeichen am Anzug – vielleicht um sich zu tarnen -, doch als die Schule wieder anfing nach den langen Ferien, da konnte er beim Appell, den ein Fähnleinführer der Hitlerjugend eröffnete, ein Gedenken an die ruhmreiche deutsche Wehrmacht nicht übergehen. Er war ja selbst Hauptmann der Reserve, im Ersten

Weltkrieg vier Jahre lang an der Front. Die Schüler respektierten seinen etwas näselnden, aber kräftigen Tonfall, der gut zu seinem bestimmten Auftreten passte. So scheute er sich nicht, geradeheraus seine Meinung zu sagen oder deutlich zu machen, wie beim Auftreten im Musikunterricht des Musiklehrers.

Doch es war nicht immer so, wenn es um die Erfolge des Militärs ging – es wurde schon beim Schulappell gesagt - , da war er einer von den unzähligen Feldgrauen. Früher als manche andere, sah er wohl auch das unrühmliche Ende des großen Krieges voraus.

Aber ich bekam dies nicht so deutlich mit. Oftmals musste ich jetzt an den Nachmittagen mit meinen Freunden vom Jungzug der Hitlerjugend ausrücken. Der Jungzugführer stimmte dabei meist ein Lied an, sehr oft war es das später berüchtigte: „Es zittern die morschen Knochen, der Welt vor dem großen Krieg, wir haben den Schrecken gebrochen, für uns war's ein großer Sieg, wir werden weiter marschieren, bis alles in Scherben fällt, denn heute gehört (eigentlich hieß es „und hört") uns Deutschland und morgen die ganze Welt". An manchen Nachmittagen, jeweils am Mittwoch und Freitag, war auch Exerzieren auf einem kiesigen Platz vor dem Stadttor angeordnet, auf der Kaiserwiese, und das ganze Fähnlein übte fleißig – aufgeteilt in Jungenschaften – von je 10 Jungen - „Linksum", „Rechtsum", „Ganze Abteilung kehrt". Dabei schauten die Jungenschaftsführer und der Jungzugführer, in Staubwolken gehüllt, ob alles korrekt ausgeführt wurde. Der Jungzugführer hatte auf der Achsel seines Braunhemdes bis hin zur Brusttasche eine grüne Schnur als Zeichen seiner Stellung, er kommandierte so meistens 30 Jungen. Die Jungenschaft, also die kleinste Einheit, führte der Jungenschaftsführer und zum Zeichen seiner „Würde" hatte er eine kleinere rot-weiße Schnur. Ich hatte natürlich auch großen „Führerehrgeiz" und wurde nach der Leitung einer Jungenschaft auch zum Jungzugführer ernannt und zwar zum Leiter des Fanfarenzuges. Man muß sich wundern, wie viele Jungen sich ehrgeizig nach Führerstellen drängten. Als Trommler wurde ich nicht immer bei den Bläsern respektiert. Einer, der der beste Bläser war, meinte: „Du kannst mir nichts sagen, Du bist nur ein Trommler!" Lebhafter Beifall erscholl dann bei allen Bläsern, mich überkam die Schamröte und im Übungsraum dröhnte oft ein tumultartiger Lärm. Zweifel, Ängste und Niedergeschlagenheit beschlichen mich. War ich als Führer – in diesem Führerstaat – vielleicht ungeeignet? War es wohl ein Zuviel an Anforderung für einen 14-Jährigen?

Im Ort gab es neben dem Bannführer, der den Bann, also alle Hitlerjungen u. Mädchen im Kreisgebiet führte und der in einem ehemaligen Judenhaus sein Büro hatte, noch untergeordnete Jugendführer, so einen Stammführer, der unter dem Bannführer die älteren Hitlerjungen führte neben einem anderen Stammführer, der die Jüngeren, also das Jungvolk, beaufsichtigte. Beide waren sich gemäßigt gebende junge Leute, weniger der Bannführer. Ähnlich zeigte sich auch die BdM-Führerin, von einer verständnisvolleren Art. An der Spitze des Kreises der NSDAP (Nationalsozialistische Deutsche Arbeiterpartei) fungierte der Kreisleiter.

Es ging das Gerücht, dass er einmal Theologie studiert habe, dann sich aber dem Nationalsozialismus zuwandte. Er wohnte in der Talbreite, in einem neuen Haus. Er hatte eine stattliche, blonde Frau und mehrere Kinder. Man konnte ihn, wenn er nicht gerade in Uniform erschien, eher für einen Bankbeamten oder Gymnasialprofessor halten. Seine Reden waren gut durchdacht und seine Umgangsformen recht zivilisiert und fast gewinnend. Doch dies war nur der äußere Eindruck auf mich, da ich ja ihn sonst nicht näher kennen lernte. Einmal begegnete er mir etwas aus geringerer Entfernung: Bei einer Tagung der Hitler-Jugend im Kloster in Reimlingen sah ich den Kreisleiter mit dem Abt des Klosters in einer freundlichen Unterhaltung, recht anregend und höflich. Ich dachte mir damals, wie sich zwei Welten, wie Feuer und Wasser, doch so gut verstehen konnten. In einem gewissen Gegensatz zu solchen NS-Führern trat der Oberbürgermeister auf, der nach unserer Stadt abgeordnet wurde, also wie alle OB damals von der Behörde, dem Staat, eingesetzt wurde. Von Beruf war er Lehrer. Er trat aber nicht nur als Oberbürgermeister auf, er war zugleich auch der Führer der SA-Standarte. Seine Reden waren markant, er sprach manchmal mit schneidender Stimme, was ich zweimal erlebte. Bei einem Besuch einer Stadtratssitzung ging es um die Möglichkeit der Feststellung von bestimmten Kampfmitteln (Phosphor, Benzin) bei Bombardierung der zivilen Anlagen durch feindliche Flugzeuge. Da fragte er mit energischer Stimme einen auch als Experten anwesenden Chemielehrer des Gymnasiums, ob diese Kampfstoffe schnell festgestellt werden könnten. Unser Lehrer hat dies ebenso sicher und präzise bejaht. Im übrigen hatte ich den Eindruck, dass es in der Stadtratssitzung weniger um Diskussion als mehr um Vortrag und gelenkte Abstimmung ging. Ein andermal erschien der OB im November 1944 im Sixenbräusaal. Dieser befand sich zusammen mit der Sixenbrauerei dort, wo heute vor dem Bergertor (stadtauswärts) rechts nach dem Parkplatz ein großer Wohnblock steht. Der Saal war das zweite Nördlinger Versammlungslokal. Das andere, größere befand sich gegenüber der Stadtsparkasse, wo heute das Kaufhaus „Steingass" steht. Hier, im „Deutschen Haus" waren die meisten Versammlungen in der NS-Zeit, aber auch andere Veranstaltungen, wie Theateraufführungen und auch Faschingsveranstaltungen, auch nach dem Krieg noch, fanden dort statt. Nun zurück zum OB. Es ging damals um die freiwillige Meldung der 16-jährigen Hitler-Jungen zur Waffen-SS, wofür ein höherer SS-Führer in Anwesenheit des OB eine Werberede hielt. Anschließend bat er, dass die Freiwilligen vortreten möchten. Hier nun mischte sich der OB ein und meinte, dass die jungen Leute nicht feige sein sollten, sie sollten hervortreten und sich das rote Bändchen als Zeichen ihrer freiwilligen Meldung zur Waffen-SS auf ihre Schulterklappen heften. Er sprach sehr fordernd für die Werbung der Hitlerjungen. Ich ging nicht vor.

In Nördlingen gab es noch andere Parteiführer, so den Ortsgruppenleiter, er war in einem Nördlinger Geschäft tätig, auch sein Stellvertreter war ein Nördlinger Bürger. Sie wurden von den sich gebildet vorkommenden jungen Leuten und Schülern der Oberschule, alles Hitlerjungen, oft belächelt. Denn bei ihren Ansprachen zogen die NS-Führer manchmal einen kleinen Spickzettel aus den Rockaufschlägen ihres Uniformsakkos und verhalfen so ihrer Rede zu mehr Glanz. Es waren jedoch Bürger, die sich für eine vermeintlich gute Sache einsetzten und von den wirklichen Absichten der obersten Führung oft nichts wussten. Nun noch einiges zu den Gewaltakten gegen die Nördlinger Juden. Als die Synagoge 1938 in der Polizeigasse brannte, ging ich dorthin und besah mir die Reste des Gebäudes. Der Dachstock war abgebrannt, Tücher lagen auf der Straße, SA-Leute patrouillierten der Straße entlang. Es war ein recht betrüblicher Anblick. Eines Tages war ich in den Frickinger Anlagen bei einem Spielplatz, dort begegnete mit eine Frau, die recht stattlich war, sie hatte einen Judenstern mit dem Wort „Jude" an ihrem Kleid. Ich schaute sie etwas neugierig an, vielleicht auch mitleidsvoll, denn sie nickte mir freundlich zu. Ich dachte mir auch, wie demütigend so eine öffentliche Zurschaustellung doch sein musste. Ein anderes Erlebnis mit der Judenausweisung hatte später mein Vater: Als er eines Tages am Nördlinger Bahnhof sah, wie an der Güterrampe lange Kolonnen von Juden (Männer, Frauen und Kinder), von SS-Leuten bewacht, in die Waggons geführt wurden, sah mein Vater unter den SS-Wachen einen Bekannten. Er ging auf ihn zu und sagte zu ihm: „Georg, das was Du hier tust, würde ich nicht machen"! „So", meinte er, „Du bist auch ein solcher!" Mein Vater war ganz verstimmt und erzählte uns daheim von diesem Vorfall, viele Deutsche verwarfen die Judenpolitik der Nazis insgeheim, so auch mein Vater. Meine Mutter war keine Anhängerin der Nazis und sagte mal im Krieg, als ihr Sohn Fritz zum Militär musste:

„Da zieht man die Kinder groß und dann werden sie im Krieg erschossen". Auch musste sie oft von der Frau Westhauser, der Frau eines Lokomotivführers am Bergergraben hören, dass die Nazis doch recht unchristlich seien. Als ich einmal als Hitlerjunge (Jungvolk) in der Herbstzeit, bei kühlerem Wetter, eine kurze Hitlerjungenhose trug, sagte sie nur, „bei so einem Wetter zieht man doch lange Hosen an"! Überhaupt war sie eine eifrige Katholikin und ging bei Parteiveranstaltungen oft demonstrativ in die Kirche.

Viele andere Besonderheiten spielten sich damals in Nördlingen ab, die fast zum Alltag gehörten. So kamen während der Kriegszeit oder und auch schon früher oft die Flochberger, vom Dorf Flochberg bei Bopfingen kommend, am Graben vorbei, läuteten und fragten: „Koi Hund, koi Katz, nix Horigs (was Haare hat) am Hof?" Sie wollten also Haustiere mitnehmen, um so ihren Speisezettel zu erweitern. Mit einem gewissen Abscheu reagierten wir auf diese Besuche. Gern erwartet wurden dagegen im Herbst nach der Erntezeit die Schwörsheimer Bauern, die ihre Kartoffeln, auf Pferdefuhrwerke verladen, beim Vorbeifahren am Bergergraben und den anderen Stadtgräben mit einem lauten Rufen: „Erdbira" (also Kartoffeln) anboten. Sie kamen regelmäßig vorbei und verkauften auch schon lange vor der Kartoffelernte ihre wohlschmeckenden Frühkartoffeln, die ja in dem weichen Sandboden ihrer Anbaugebiete an der Wörnitz recht gut gedeihen. Die Pferde schnaubten den Graben herauf, schaumtriefend keuchten sie die engen Wege an den schattenspendenden Kasta-

nien vorbei, oft trieben sie die Bauern mit einem lauten Peitschen-
knall zu mehr Eile an. Doch plötzlich wieder geboten sie Halt, ein
lautes Br. Br. ausstoßend, sobald eine Hausfrau mit einem Korb
oder einer Tasche am Gartentor oder Hauseingang wartete. Mit
einem metallenen Messeimer, der etwa 5 kg fasste, wurde schnell
die gewünschte Menge „Erdbira" oder auch „Erdbiro" verteilt, bis
zur nächsten Kartoffelausfahrt. Der Krieg hat diesen Brauch dann
weitgehend unterbunden, es gab ja für alles Lebensmittelkarten,
so etwa für Fleisch, Brot, Milch, Butter usw., für jede Menge (so
1 Pfund Butter, 1 kg Fleisch etc.) gab es auf der Lebensmittelkar-
te einen bestimmten kleinen Abschnitt, der von den Verkäufern
in den Geschäften mit einer Schere von der Karte abgeschnitten
wurde. Wenn ein Monat vorbei war, wurden wieder neue Lebensmittelkarten ausgeteilt, schön geordnet nach Kleinkindern, Kindern, Jugendlichen und Erwachsenen und je nach Art der Lebens-
mittel und der Beschäftigung (Schwerarbeiter, Nachtarbeiter usw.)
in verschiedenen Farben. Es war schon eine eigene Wissenschaft,
sich mit diesen Karten zurecht zu finden. In diesen Notzeiten des
Krieges wurde natürlich überall gespart und alles Notwendige für
die Wirtschaft, besonders die Kriegswirtschaft, gesammelt und
einer Wiederverwendung zugeführt. Insbesondere die Hitlerjugend, und wir, also das Jungvolk (die 10-14 Jährigen) mussten
die eintönigen Nachmittage, die am Mittwoch und Freitag jeweils
um 15 Uhr für uns Pimpfe zu einer „Pflichtversammlung" wurden, unterbrechen. Denn meist wurde ja auf der Kaiserwiese, wo
damals kein Gebäude stand, mit uns Jungen exerziert, wie schon
erwähnt. Dazu kamen noch Übungen zum richtigen Grüßen mit

dem Hitlergruß, also dem in Augenhöhe ausgestreckten rechten Arm und Blickwendung zum Grußabnehmer (Hitlerjugendführer). Ab und zu fanden auch Heimatnachmittage statt im Heim in der Kreuzgasse, einem ehemaligen Haus eines Nördlinger Juden. Bei den Altmaterialsammlungen wurden also diese oft langweiligen Nachmittage abgelöst durch eine etwas ungezwungenere Beschäftigung. Man brachte kleine Leiterwägelchen mit und dann ging es von Haus zu Haus, jeder Jungzug hatte ein bestimmtes Viertel mit mehreren Gassen als Sammlergebiet übertragen bekommen. Das Altmaterial (Büchsen, Nägel, alte eiserne Werkzeuge usw.) wurden dann etwa bei einem Altmetallhändler abgeliefert. Im Winter hatten wir Hitlerjungen auch noch die Aufgabe die Gehwege und Straßen von Eis und Schneematsch zu säubern. Straßenarbeiter gab es im Krieg kaum noch. Zum Altmaterialsammeln fällt mir noch eine lustige Begebenheit ein. Das Sammeln war auch manchmal von privaten Firmen durchgeführt worden. So kamen bei uns am Graben einmal 2 Männer vorbei mit einem Handleiterwagen und sammelten Altmaterial. Dabei bedienten sie sich des folgenden Slogan, den sie lautstark, fast schreiend verkündeten: Eise(Eisen), Boaner (Beiner), Lompa (Lumpen). Sie sprachen das schnell aus, sodass man auch das Wortgebilde „Eisenbahner Lumpen" heraushören konnte. Mein Vater wurde Zeuge dieses Auftritts und als Beschäftigter bei der Eisenbahn ging er gleich zu den Männern hin und sagte: „Was fällt Euch ein, die Eisenbahner zu beleidigen!" „Das wollten wir so nicht", kam es zweideutig zurück. Mein Vater meinte daraufhin: „Also fangt doch mit Eurer Aufforderung einfach anders an:

Etwa Lumpen, Boaner, Eise, aber nicht Lumpen, Eisen, Boaner".
Das wurde dann mit einem schelmischen Lächeln quittiert, und so
war der Konflikt aus der Welt geschafft.

Für uns Kinder gab es am Graben aber noch eine besondere
Art der Freude und der Begegnung. Manchmal kamen Mönche
vorbei, in braune Kutten gekleidet, wohl Kapuziner, so die Erinnerung. Sie sprachen uns Kinder im Garten an, über den Zaun
hinüber; sie baten um eine mildtätige Spende, gaben uns Heili-
genbildchen und verabschiedeten sich mit den Worten: „Betet für
uns". Oft haben wir auch ganz demütig um die Bildchen gebeten.
Es war ein mir ungewohnt vorkommendes Ereignis, auch in der
NS-Zeit. Doch dies wurde mir erst später bewusst, nach dem
Krieg, als man offen von der früheren häufigen Intoleranz vom
NS-Staat gegenüber kirchlichen Einrichtungen mehr erfuhr.

Natürlich gab es auch in meiner Kindheit viele andere Laus-
bubenstreiche, die man heute als Erwachsener doch in einem
anderen Lichte sieht. Da war in Nördlingen ein älterer Mann
mit einem eigenartigen Benehmen. Er hatte meist einen blauen
Schurz umgebunden, der unterhalb der Brust zusammengebunden
war, sodass ein Bausch entstand, in den er alle möglichen Dinge
steckte, die er gerade auf dem Boden liegen sah. So war er als
ein Sonderling überall bekannt und natürlich bei uns Buben ein
belustigendes Unikum. Man nannte ihn einfach „Kanonenrörle",
wohl in Anklang an seinen wirklichen Namen Rehle, der vermut-
lich zu Röhrle und dann Kanonenrörle verballhornt wurde. Wenn

wir ihn sahen, dann riefen wir Buben laut: „Kanonenrörle, Bum, Bum, Bum..." Das hatte dann zur Folge, dass der arme Mann sich zu wildem Schreien hinreißen ließ, wie „Ihr Saubube, ihr freche" und nicht selten sprang er uns dann nach. Einmal ließ er sich zu den Worten hinreißen: „Hitlerjungen wollt ihr sein, Saubube ungezogene seid ihr, schämt euch". Er verband also als alter, kranker Mann bisher mit Hitlerjungen wohl recht ordentliche Jungen, doch durch uns wurde er eines anderen belehrt. Wir lachten natürlich bei solchen Attacken des alten Mannes und ärgerten ihn weiter, so oft wir ihn sahen. Ein Beispiel dafür, wie grausam junge Menschen auch sein können, wiewohl ich glaube, dass ich persönlich wohl diese Szenen zwar miterlebt, aber selbst den Mann durch Nachrufen nicht traktiert habe, so scheint es mir heute jedenfalls. In dieser Zeit, wo strenge Überwachung und Kontrolle der Bürger auf NS-Treue laut und überall sichtbar demonstriert wurden, gab es abwechslungsreiche Tage, die man mit Humor und Lachen als Helfer im Lebenswandel inmitten des NS-Regimes begrüßen konnte. Dazu gehörte auch das Auftreten des „Käterle", einer etwas betagteren Dame, die mit ihrem Fahrrad oft auf dem Gehsteig fuhr und sich dann beschwerte, wenn die Fußgänger ihr nicht ausweichen konnten. Als sie einmal nach 1945 am Rathaus vorbeifuhr, machte sie mir drohender Faust gegen das Haus der Ratsherren gerichtet ihrem Ärger gegen irgendeine Maßnahme der Herren Luft. „Kommunistenbande, verkommene". Auch sonst hielt sie sich mit beleidigenden Äußerungen gegen alle möglichen Bürger nicht zurück. Aber es galt ja in der alten Reichsstadt ein gehöriges Maß an Narrenfreiheit im 20.

Jahrhundert und man wurde wegen solcher Delikte nicht mehr an den Pranger gestellt, wie unten am Rathausaufgang sichtbar, wo der Delinquent in früheren Zeiten einem aus Stein gemeißelten Narren gegenübergestellt wurde mit der Inschrift: „Jetzt sind wir beide zwee".

Nun zu mir zurück: In der Schule ging es ganz gut. Es war nun schon das vierte Kriegsjahr angebrochen, einige Mitschüler und ich wurden zu einem Feuerlöschzug in der Schule eingeteilt, ihr Auftrag war, zusammen mit einem Lehrer bei Fliegeralarm die Schule zu schützen, d.h. Brände zu löschen. Immer häufiger kam es nachts zu Fliegeralarm, ich musste dann oft zwischen Mitternacht und 3 Uhr morgens in die Schule in den großen Keller im Hallgebäude am Weinmarkt eilen, wo man zusammen mit Feuerwehr-, Luftschutzleuten und Polizisten auf Einsätze nach einem etwaigen Luftangriff auf das alte Städtchen wartete. Doch nur einmal verirrten sich einige Bombenflugzeuge über den Luftraum der Stadt und warfen wahllos ein paar Bomben in die Deininger Straße und auf den Bahnhof, es gab mehrer Tote und Verletzte, Vater und Mutter einer Familie fanden zusammen mit einem Kind den Tod, zwei Geschwister mussten als Waise weiterleben. In anderen Städten kam es zu viel schrecklicheren Ereignissen, so in Ulm. Am 17. Dezember 1944 wurden durch einen vernichtenden Großangriff auf die Altstadt Ulms viele Wohnviertel total zerstört, 25000 Menschen waren obdachlos geworden, es gab 707 Tote und 613 Verletzte. So konnte ich am Abend des 17 Dezember 1944 von der ca. 100 km entfernten Kleinstadt Nördlingen einen breiten, dunkelroten Streifen am Horizont erkennen, gleich einem langsamen Sonnenuntergang, es war eine unvergessene Erinnerung an das untergehende, schöne, ehrwürdige, alte Ulm, einst führende Stadt im Schwäbischen Bund, zu dem auch Nördlingen gehörte.

Ein Jahr vorher hatte ich bereits das hart Fordernde und Leidvolle des Krieges persönlich kennen gelernt. Mein Jahrgang war nunmehr aufgerufen, die Heimatverteidigung im Rahmen des Einsatzes als Luftwaffenhelfer zu übernehmen. Eines Nachmittags wurden wir Schüler der Klasse 4 (heute 8) vom Jahrgang 1928 zu einer Art Musterung in ein altehrwürdiges Gebäude an der Rosswette einberufen. Militärärzte untersuchten uns nach der Tauglichkeit. Ich wurde für tauglich befunden, obwohl ich über Schmerzen an einem Narbenbruch klagte, der mir nach einer schweren Blinddarmoperation mit Vereiterung im 6. Lebensjahr geblieben war. Beinahe wäre diese Krankheit ja damals, wie schon erwähnt, tödlich ausgegangen. Doch der Stabsarzt wollte jetzt von einem Narbenbruch nichts wissen. Ein Mitschüler hatte es dagegen raffiniert angestellt. Sein Vater soll ihm Stunden vor der Musterung einige Tassen Bohnenkaffee gegeben haben, so wirkten seine Herzbeschwerden recht glaubhaft und er wurde mit der Tauglichkeitsstufe a.v. (arbeitsverwendungsfähig) von dem Dienst als Luftwaffenhelfer befreit und blieb in der Schule. Für die übrigen Jungen war die Schulzeit am Heimatort zu Ende. An einem Vormittag wurden nun die Eltern und Schüler in den großen Zeichensaal der Schule berufen, wo der Schulleiter in der

Uniform eines Reservehauptmanns, mit einigen Orden aus dem Ersten Weltkrieg geschmückt, eine Abschiedsrede hielt. Seine Stimme klang hart und militärisch durchdringend, als er vor den etwas unsicher dreinschauenden 15-jährigen Schülern und ihren Eltern diese kriegsnotwendige Maßnahme zu erläutern suchte. Man fügte sich fatalistisch in das Unabwendbare, manche waren auch ganz hoffnungsfroh. An einem Freitag ging es dann mit dem Zug und der Begleitung eines Lehrers nach Kriegshaber bei Augsburg in eine Flakkaserne. Dort trafen wir, die Schüler aus unserer Kleinstadt, mit Gleichaltrigen anderer Gymnasien zusammen. Am ersten Tag wurden wir in der Kaserne eingekleidet, eine lange, blaugraue Hose, eine ebensolche Bluse mit Hitler-Jugend-Armbinde, dazu ein Arbeitsanzug von grüner Farbe, Schnürstiefel und einen blaugrauen Luftwaffen-Stahlhelm, der wegen seiner Größe auf den meisten Kinderköpfen ohne rechten Halt etwas herumbaumelte, das alles machte uns äußerlich zu Flakhelfern, also Halbsoldaten. Alle fanden sich in ihrem Kasernenraum nach der Einkleidung wieder ein, 20 Jungen schliefen in Doppelstockbetten. Ich hatte ein unteres Bett erhalten, es war weniger mühsam es zu erreichen, doch nur ein spärlicher Raum für die Bewegung der Glieder. Überhaupt kam man vor Mitternacht selten zum Schlafen, lustige Geschichten wurden von den Jungen aus der Schulzeit erzählt, es waren ja auch Schüler von anderen Gymnasien, so von Augsburg oder Krumbach dabei. Einer überragte durch körperliche Kraft und Stimmgewalt alle anderen, dazu trumpfte er noch durch seine sexuellen Pseudoerfahrungen auf. Ich erfuhr zum erstenmal von Kondomen, von Dirnen und Zuhältern, viele schwül-

40

stige Gedanken beschäftigten anfangs meine Sinne. Am Morgen, es war sechs Uhr und noch Winterzeit im Februar, wurden alle vom Unteroffizier vom Dienst im Kasernengang mit einem lauten Kommando „Aufstehen", begleitet vom schrillen Ton einer Trillerpfeife, aus dem Schlaf gerissen. So begann für uns Schüler und Halbsoldaten nun die Ausbildung zum Flakhelfer. Nach dem Waschen und dem Frühstück im großen Mannschaftsraum und einem peniblen Bettenbau und Aufräumen des Nachtzeugs strömten alle zum Kasernenhof, es war Morgenappell. Ein Feldwebel ließ antreten und meldete dem Hauptmann, einem schon älteren, etwa 45-jährigen Flakoffizier mit leicht gerötetem Gesicht, die angetretenen Flakhelfer. Er erinnerte an die Aufgaben eines jeden patriotischen Deutschen, wies auf die Notwendigkeit ihres Dienstes hin und den Vernichtungswillen des Feindes. Erst später erfuhr ich, dass er im Zivilberuf Beamter war und nun zum Militär eingezogen wurde; kaum war die Ansprache beendet, strömten die einen Flakhelfer zum Flugzeugerkennungsdienst in einen Schulungsraum, eine andere Gruppe an die Geschützstellung, wo ein von den Tschechen erbeutetes kleines Flakgeschütz vom Kaliber 3,7 cm zur Ausbildung diente. Jeweils 5 Schüler übten an dem Geschütz das Einlegen der Munition, das Richten des Geschützes, das Feststellen der Entfernung zum Flugobjekt, das Nachladen und Herbeischleppen der Granaten. Ich trat gleich am zweiten Tag der Ausbildung aus der Reihe heraus und meldete mich bei dem übergroßen und bärenstarken Wachtmeister mit den Worten, dass ich einen Narbenbruch habe und nicht schwer tragen könne. Er musterte mich etwas argwöhnisch und bestimmte nach einigem Nachdenken, dass ich dann eben den Telefonisten machen solle, also die Befehle der Leitzentrale für die Luftüberwachung an die Geschützstellung zu übermitteln hätte. Man musste sich nur drei Meldungen der Zentrale ganz besonders merken: „Alpenrose", d.h. feindliche Flugzeuge sind im Anflug, dann „Edelweiß", d.h. Geschütze feuerbereit machen und „Feueralarm", d.h. der Geschützführer, oft ein Soldat, konnte auf die erkannten Flugzeuge schießen. Die Befehle kamen über den Batterieführer zu den Stellungen, am Ende des Schießens hieß es dann „Feuer einstellen". Das war natürlich alles nur Theorie, jedenfalls am Anfang des Dienstes. Nachmittags ging es dann in einen Barackenbau zum Schulunterricht, wir sollten ja auch etwas für die Schule lernen. Manchmal war auch vormittags Unterricht. Die Lehrer oder oft auch Lehrerinnen wurden vom Gymnasium des Einsatzortes in die Flakstellungen abkommandiert. Der Unterricht wurde von uns, aber auch von den Lehrern, nicht ganz eifrig betrieben, ein Englischlehrer meinte einmal, dass niemand zwei Herren dienen könne, was zu dieser Zeit recht mutig und ehrlich war. So ging die Ausbildung wochenlang dahin, ich klagte immer wieder über meine Narbenbruchbeschwerden, wurde auch einmal von einem Facharzt untersucht, doch ohne ein die Dienstpflicht aufweichendes Ergebnis. An einem Januarmorgen, es war bitterkalt, wurde meine Einheit nach Haunstetten zum Schutz des bekannten Messerschmittflugzeugwerkes für den Ernstfall abkommandiert. Dieser Einsatz sollte auch nicht lange auf sich warten lassen. An einem Februarnachmittag wurde in Augsburg Fliegeralarm gegeben, es war ein sonniger Wintertag, weithin blauer

Himmel, in der Ferne leises Flugmotorengeräusch. Die Flakhelfer waren an den Geschützen, ich am Telephon und gab die Befehle durch: „Alpenrose", „Edelweiß" und „Feueralarm". Plötzlich hörte man das Krachen detonierender Bomben bei den Flugzeugwerken. Die kleineren Flakgeschütze brauchten bei dem Hochangriff der englischen Bomber nicht einzugreifen, auch dauerte der Bombenabwurf nicht lange. Als das Kommando „Feuer einstellen" kam, war etwa ein Zeitraum von 20 Minuten vergangen. Aber über dem Feld und den Wiesen lag ein durchdringender Benzin- und Pulvergeruch, neben den Stellungen lagen Flugbenzinkanister, die von den Flugzeugen als Reservetanks bei ihrem langen Flug benutzt und danach abgeworfen wurden. Alles war jedoch noch keine richtige Feuertaufe für uns Schuljungen, in der darauffolgenden Nacht sollte es dann zur unvergesslichen Bewährung oder auch Todesnähe kommen. Spät am Abend gab es Fliegeralarm, es sprach eine aufgeregte Stimme die bekannten Einsatzbefehle für mich, die ich an die Geschütze weitergab. Diese waren von einem sicheren Betonwall in Kniehöhe umgeben. Die Unterkünfte der Flakhelfer duckten sich wie Maulwurfshügel in die Erde, sie ragten etwa einen Meter aus ihrer Vertiefung heraus. Alle fieberten an den Geschützen dem Angriff entgegen. Plötzlich setzte ein ohrenbetäubendes Dröhnen von Hunderten schweren Lancasterbombern und ein Donnern und Krachen detonierender Bomben, Luftminen und Flakgranaten ein. Der Unteroffizier Bauer an unserer Geschützstellung schickte alle Flakhelfer in die Betonumwallungen der Geschütze, er selbst feuerte mit einem Obergefreiten zusammen an der 3,7 cm Flak auf die tiefer fliegenden Bomber. Ein Leutnant einer benachbarten 8,8 cm Flak-batterie feuerte seine Jungs mit den Worten an: „Ihr Banausen, warum braucht ihr so lange, schießt schneller". Ich lag in der Ge-schützumwallung, ein höllischer Lärm ringsum, dann ein harter, tiefwirkender Schlag, die ganze Geschützstellung bebte und zit-terte, auf meiner entgegengesetzten Seite brachen Betonbrocken los und fielen auf Rudolf, einen Flakhelfer aus Augsburg. Ich dachte mir, „so muss es sein, wenn man stirbt. Vielleicht bin ich aber noch am Leben" – ganz kindliche, unwirkliche Vorstellungen – „meine Füße kann ich ja noch bewegen". Ich klopfte jetzt ganz fest auf den Boden. Doch nach dem großen Krach robbten die anderen Jungs und ich aus der Stellung heraus, gelbe, rote Feuer-blitze zuckten ringsum, Rauch und Trümmer der Holzbaracken behinderten das Kriechen. Allmählich wurde die Umgebung ver-trauter, Kameraden mit ihren Stahlhelmen lagen nebeneinander, der junge Rudolf war tot, leblos wurde er aus der Stellung hinaus-getragen, der Betonklotz hatte ihm das Rückgrat zerbrochen. Al-les war verwüstet, die Baracken gähnten ohne Dächer in die Nacht hinein, Bombenkrater in der Umgebung und am äußeren Betonwall der Geschützstellung machten unsere Baracken zu ei-ner Mondkraterlandschaft. Da, wo ich im inneren Wall der Mine am nächsten lag, hatte sie eingeschlagen, der Luftdruck hatte den offenen Betonring gegenüber zertrümmert und wie erwähnt den Flakhelfer Rudolf erdrückt und zwei andere verletzt. Es war ein trostloser Anblick. Am nächsten Morgen trat die ganze Abteilung in der zerstörten Stellung an, übernächtigt, fast alle ohne Schlaf und hörten den Appell ihres Hauptmanns, des Bataillonskommandeurs. Da ja auch die Stadt Augsburg von feindlichen Bombern stark verwüstet wurde, klangen seine Worte von Terrorangriffen und Vernichtungswut der Alliierten recht glaubhaft. Doch ich wurde durch Schmerzen in der Gegend der Bruchnarbe an mein Bestreben erinnert, bald von diesem – wie es mir schien – sinnlosen Dienst befreit zu werden. Ich dachte auch immer, dass ich doch nicht für eine falsche Politik – vor allem Außenpolitik und NS-Unterdrückungspolitik – einstehen müsste oder gar mein Leben opfern sollte. Ich empfand das Leben, die Natur und den Umgang mit Freunden, als schönere Aufgabe als das Sterben und die Aufopferung für eine sinnlose Politik. Doch das war ein unartikuliertes, dumpfes Gefühl, kein klares tägliches Bewusstsein, mehr ein Fluchtgedanke aus dem täglichen Zwangsleben. Nach dem   schrecklichen Erlebnis des Luftangriffes sollte es wenige Tage später, als die Flakabteilung in eine andere Stellung an den Westbahnhof verlegt wurde, für uns eine Genugtuung für den gefährlichen Einsatz geben. Viele bekamen das Eiserne Verwundetenabzeichen in einer feierlichen Zeremonie überreicht. Manche Schüler hatten Trommelfellrisse bei dem Angriff davongetragen und dafür wurden sie nun vom Hauptmann geehrt. Gleichzeitig brachte er Flugblätter der Alliierten mit, die auf die Stellung niedergeflattert waren. Sie zeigten lange Kolonnen von Panzern und Artilleriegeschützen, die in England auf ihren Einsatz bei der angekündigten Invasion warteten. „Das ist alles erstunken und erlogen", meinte der Hauptmann zu uns Flakhelfern, die wir eifrig seinen Worten lauschten. Seine Rede strotzte nur so von der starken, deutschen Wacht am Atlantik. Es seien alles erfundene Berichte und gestellte Photos, meinte er. Dies werde nie so kommen, der Endsieg sei auf unserer Seite, so der Offizier. Doch glaubte ich ihm nicht ganz und dachte an die Luftangriffe und die Folgen für uns mitsamt den Zerstörungen.

Auf wiederholtes Klagen wegen Schmerzen an meinem Narbenbruch wurde ich für nächste Woche ins Luftwaffenlazarett Unterföhring bei München bestellt. Ich fuhr mit Papieren meines Bataillonskommandeurs nach München-Unterföhring. Die Stabsärzte untersuchten und befragten mich fast eine Stunde und gaben mir dann einen Untersuchungsbericht mit auf die Heimreise. Ich erging mich in vagen Vermutungen über das Ergebnis, ein Stabsarzt lächelte beim Abschied zwar freundlich, aber vielleicht war es nur Höflichkeit. Da kam mir im Zug ein Gedanke: Ich betrachtete den Umschlag des Berichtes genauer und konnte sehen, dass er nur locker zugeklebt war. Mir gegenüber saß eine ältere Dame, die fast mitleidsvoll mich, den jungen Flakhelfer, betrachtete. Ich ging auf das Zug-WC und versuchte dort das Kuvert zu öffnen, es gelang auch nach einigem Hin und Her. Da stand nun am Schluss des Berichtes der erlösende Satz: „Die subjektiven Beschwerden des Heinrich St. sind in vollem Umfang glaubhaft, Tauglichkeitsgrad: a.v., d.h arbeitsverwendungsfähig, nicht zur Flak tauglich". Ich hatte ein zwiespältiges Gefühl, hatte ich mich doch auch an den Dienst bei der Flak gewöhnt, es machte mir trotz meiner Bedenken auch etwas Spaß und nun sollte ich meine Kameraden verlassen, das stimmte mich schon traurig, als ich nun nach Memmingerberg, dem Flugplatz bei Memmingen, wohin unsere Einheit verlegt worden war, zurückkehrte. Dort gab es ganz andere Vorgesetzte: Da war einmal ein etwas unförmiger Leutnant aus Ludwigsburg, den wir wegen seines großen Kopfes auch „Wako" nannten, als Abkürzung von Wasserkopf!. Er konnte mich nicht leiden, auch nicht der dort fungierende Stabsarzt. Als ich beim Wako wieder einmal über Schmerzen an der Bruchnarbe klagte, brüllte er wild gestikulierend und schickte mich zum Stabsarzt. Ich klopfte ganz leise an die Tür seines Barackenraumes und trat nach dem lauten „Herein" zaghaft in den Behandlungsraum. Doch es bot sich ein merkwürdiges Bild: Auf einem Feldbett lag der Doktor, sein Haar war mit einem Haarnetz zusammengehalten, die beiden Hände stützten seinen Kopf, der sich schnell in Richtung des Eintretenden bewegte. Er stand nicht auf, vielleicht war ich ihm zu unbedeutend, denn er herrschte mich nun an: „Du Eintagsfliege, willst Du mich denn schon wieder stören?" Doch ich war so erschrocken und gedemütigt, dass ich kein Wort herausbrachte, schließlich stand der Arzt auf, nahm ein Papier aus seinem Schreibtisch, es muss wohl der Untersuchungsbericht vom Luftwaffenlazarett Unterföhring gewesen sein. Der Arzt gab sich nach einiger Zeit einen Ruck, stellte sich vor mich hin und schaute mich wortlos eine Weile an, dann meinte er: „Na ja, ich werde morgen einen Bericht an das Bataillon schicken. Es klang ruhiger, nachdenklicher und schließlich meinte er, „Du kannst gehen, bei weiteren Beschwerden kannst du wegtreten und Deinen Dienst unterbrechen". Ich verließ mit militärischem Gruß den Barackenraum. Zunächst änderte sich nicht viel. Vormittags wanderten wir, wir waren ja auch immer noch Schüler, in einem

Spazierschritt hinunter in das Gymnasium Memmingen. Ein Lehrer des Gymnasiums, er unterrichtete Englisch, forderte von den Schülern nicht viel, sah er doch ein, dass sie in allem überfordert waren. Am nächsten Morgen packte mich die Wut über die hohen Anforderungen in der Schule und bei dem Militärdienst: Ich ging mit der lateinischen Grammatik unterm Arm zur Geschützstellung und wollte mich so nebenbei auf den Unterricht vorbereiten. Auf die Frage eines Gefreiten, was dies zu bedeuten habe, meinte ich: „Wenn der Krieg vorbei ist, wird man mich zuerst nach meinen schulischen Kenntnissen fragen und nicht nach der Kriegstechnik". Als humanistisch ausgebildeter Schüler dachte ich mehr an die Lorbeeren eines dem Frieden dienenden Menschen als dem, der den Kriegsruhm sucht. Der Gefreite schien meine Überlegungen zu ahnen und meinte leise, dass ich vielleicht Recht hätte. Nach einigen Tagen wurde ich zum Bataillonskommandeur zitiert, fast neugierig betrat ich den großen Barackenraum, der recht einfach möbliert war. Der Hauptmann würdigte mich nur eines kurzen Blickes und händigte mir dann den Entlassungsschein aus. Schnell packte ich meinen kleinen Koffer, verabschiedete mich von meinen Kameraden, die mich etwas traurig ansahen, so als ob jetzt ein wichtiger Helfer in der Gruppe fehlen würde, doch ich dachte, dass auch sie bald mit dem Kriegsende, das ja nach den Frontmeldungen nicht mehr weit entfernt war, schnell heimkehren würden.

Wie sollte es nun in der Schule, meiner alten Klasse, weitergehen ? Der Empfang durch die Klassenkameraden, die dem Jahrgang

1929 angehörten, war recht freundlich, hatten sie doch von uns Flakhelfern schon gehört, welche Luftangriffe wir durchgestanden hatten und auch viele mit Kriegsauszeichnungen dekoriert worden waren. Ich erzählte nun auf ihre Bitten hin von den Einsätzen und Schrecknissen eines Flakhelfers. Ich hatte ein wenig Angst, ob ich nach den harten und ungemütlichen Tagen der jüngsten Vergangenheit wieder Anschluß an den Schulalltag finden könnte. Ein Studienrat, der Biologie und Chemie unterrichtete, machte mir anfangs wieder Mut: „Es ist schön, Heinrich, dass Du wieder da bist!". Er stammte aus Bamberg, war überzeugter Katholik, und man konnte es kaum glauben, Nichtmitglied der Partei oder einer ihrer Gliederungen. Das spürte man bei vielen Begegnungen. Statt eines gerade gestreckten Armes beim Hitler-Gruß zu Beginn jeder Schulstunde, machte er nur eine kreisförmige Armbewegung von rechts nach links. Das Biologiebuch nahm er nicht allzu ernst. Die Überschrift auf einer Seite „Rassenlehre" kommentierte er mit den Worten: „Das ist nicht so wichtig" und ließ einige Kapitel davon aus. Es gab noch einige andere Lehrer, denen man auch ihre Gleichgültigkeit gegenüber dem Nationalsozialismus deutlich anmerkte. Auch mein Vater hatte 2 Seelen in seiner Brust, dazu ein Beispiel:

Obwohl mein Vater Blockleiter der Partei war und abends auch immer in seinem Wohnbereich kontrollierte, ob alle Häuser gut verdunkelt waren und damit den einfliegenden feindlichen Bomben keine Lichtzeichen geben konnten, war er doch zu mir, seinem Sohn, und dessen Aktivitäten recht nachsichtig. Abends hörte ich im Radio oft die Feindsender ab, so Radio London der BBC, die mit einem eigenartigen Trommelschlag ihre Sendung begann: „hier spricht London, hier spricht London...". Einmal berichtete der Sender von der Einnahme der Stadt Aachen durch englische Truppen, wenig später hörte ich vom deutschen Sender Stuttgart, dass es am Abend schwere Abwehrkämpfe bei Aachen gegeben habe, also die übliche Verschleierungstaktik der Nachrichten aus dem Führerhauptquartier. Ich wurde immer skeptischer hinsichtlich der Wahrheit von Wehrmachtsberichten.

Mein Vater hatte damals eine Auseinandersetzung mit einem Baurat, der beim Landratsamt in Nördlingen beschäftigt war. Eines Abends machte mein Vater, der sein Amt als Blockleiter bei der Parte human ausübte, einen Kontrollgang, um die Verdunklung am Bergergraben zu überwachen. Bei einer fehlerhaften Abdekkung des Lichtes hätte ein Luftangriff verheerende Folgen für die ganze Stadt gehabt. Mein Vater monierte beim Baurat eine lückenhafte Verdunklung. Darauf wurde der Herr sehr laut und brüllte meinen Vater an: „Wo habe ich nicht verdunkelt? Alles ist dicht, Sie sehen wohl nicht gut?" Mein Vater wurde ganz kleinlaut und entfernte sich mit einer höflichen Entschuldigung und einem Gruß. Im Grunde seines Herzens war mein Vater ein friedfertiger Mensch, der allerdings dem Führer treu dienen wollte.
In der Schule hatte ich damals recht gute Erfolge in Deutsch und Latein. In Deutsch unterrichtete eine gute Lehrerin, eine stattliche, schwarzhaarige Dame, allerdings vom NS-Geist erfüllt, aber doch immer freundlich und fast charmant zu den Schülern, zu

mir ganz besonders. Ein Aufsatzthema lautete einmal: „Ein tiefer Sinn liegt in den alten Bräuchen, man muss sie ehren". Ich hatte das Thema recht anschaulich behandelt, auf den Sinn des Osterfestes und das Bemalen der Eier als Ausdruck des neu beginnenden Lebens usw. hingewiesen, was bei der Lehrerin gut ankam. Meine Stärke lag im Gedankenreichtum und der Vertiefung eines Themas, so glaubte ich jedenfalls. Mein Stil war meist etwas einfach, doch konnte ich bei Themen, die Nachdenken mit allgemeiner Bildung verbanden, gute Noten erreichen.

Es war im Jahr 1944, als immer mehr die Kriegsereignisse das Schulleben beeinflussten. Das Gymnasium im Hallgebäude wurde jetzt als Lazarett verwendet, der Unterricht – soweit er wegen der häufigen Fliegeralarme noch reibungslos stattfinden konnte – fand nun in Gasträumen verschiedener Wirtshäuser statt, so auch in einer Gastwirtschaft neben dem Schulgebäude, dem „Walfisch".

Unvergessliche Ereignisse haben sich mir in dieser Zeit eingeprägt: Am 20. Juli 1944 verkündete der Rundfunk das fehlgeschlagene Attentat auf Hitler und wenige Minuten später sprach Hitler selbst über alle deutschen Sender: „Eine verbrecherische Clique ehrloser Offiziere..." so hörte ich es aus dem Radio. Hitlers Stimme war fast heiser und klang tierisch verbohrt. Ich sagte wenige Zeit später zu meinem Vater: „Wenn es eine Gerechtigkeit gibt, verlieren wir den Krieg!" Ich konnte es nicht ertragen und verstehen, wie anmaßend und selbstherrlich immer noch vom Endsieg gesprochen wurde und wie arrogant über die schwachen

und kriegsmüden Menschen geurteilt wurde. Wenn ich die Parteiführer in ihren goldgelben Uniformen, manche nannten sie Gold-
fasane, sah und ihr herrisches Auftreten miterlebte, konnte man
über ihren Hochmut nur tief bedrückt sein. Ich besuchte immer
auch noch die Gottesdienste in der St. Georgskirche, wo ein guter
Prediger die Liebe Christi zu allen Menschen verkündigte. Meine Mutter hat mich zum Besuch immer angehalten, schon beim
Kindergottesdienst. Doch eines Tages, im Oktober 1944, kurz vor
dem 16. Geburtstag schlug auch mir die Stunde. Der Musterungs-
befehl kam ins Haus, ich sollte mich an einem Vormittag in einem
alten Gebäude an der Rosswette in der Herrengasse zur Musterung vorstellen. Ich unterzog mich der Prozedur mit ähnlicher
stoischer Gleichgültigkeit wie bei der Musterung als 14-Jähriger
zum Flakhelfer. Doch diesmal war alles ernsthafter, weil ungleich
schwerwiegender für einen jungen Menschen, dazu bei dem jetzt
äußerst verlustreichen und nahezu verlorenen, aussichtslosen
Krieg. Ich musste dies so empfunden haben, als ich von einem
Stabsarzt nach allem Messen von Gewicht und Größe zuletzt
– ich stand ganz entblößt vor dem gewichtigen Herrn in feiner
Uniform – gefragt wurde: „Zu welcher Waffengattung wollen Sie
denn?" Da der Krieg schon total verloren war, drängte sich mir
in Gedanken die Antwort auf: „Zu gar keiner", doch ich dachte
an die Konsequenzen eines solchen Defätitismus und antwortete:
„Zu den Sanitätern oder zur Luftwaffe"! Der Stabsarzt bemerkte
aus der merkwürdigen Zusammenstellung von Sanitätern und
Luftwaffe meinen Plan, außerhalb von Gefahrenzonen oder mit
langer Ausbildung das Aussichtslose zu überleben. So wurde ich

als k.v., also kriegsverwendungsfähig, eingestuft, ohne die Ergebnisse der Fachärzte aus der Flakhelferzeit gewürdigt zu sehen. Nach der Ableistung des Arbeitsdienstes sollte ich dann zum Grenadierersatzbataillon 91 Josefstadt-Jermer im Sudetenland, also im östlichen Kriegsgebiet, zum Einsatz kommen. Der Arbeitsdienst begann im Januar 1945 in Schnaittach bei Nürnberg.

Im Unterschied zur Flakhelferzeit waren jetzt Studenten, Schüler und schon Berufstätige bunt gemischt im Arbeitsdiensteinsatz. Vorwiegend war der Dienst jedoch Vorbereitung für den Kriegseinsatz mit der Waffe. Anfangs konnte ich noch an der Ausbildung teilnehmen. Dann spürte ich auch wieder Schmerzen an meiner Blinddarmoperationsnarbe und so ging ich zum Feldmeister, der mich dann von jedem Dienst befreite. Häufig wurde ich abkommandiert zum Bewachen von Waffen und Werkzeugen und auch sonst musste ich allerlei Unwichtiges verrichten, man suchte direkt Arbeit für mich. In Erinnerung blieb mir auch das tägliche Essen zu Mittag und Abend, wo am Tischende ein kräftiger, großer Arbeitsmann saß, etwas ungebildet, mit Ellenbogenmanieren. Wenn die große Essschüssel mit leckeren Inhalten auf den Tisch gestellt wurde, dann schöpfte er sich gleich große Stücke und auch recht viele heraus, dass die übrigen Tischgenossen gleich vehement protestierten, eine fast tägliche, unrühmliche Angelegenheit. Es zeigten sich allenthalben eben auch animalische Triebe. Eines Abends schreckten einmal nach dem Essen die laut heulenden Sirenen die ganze Abteilung hoch, alles rannte in den nahen Wald, Tieffflieger waren gemeldet, die die nahen Eisenbahngleise mit ihren Bordkanonen beschossen und die Schienen auch mehrfach durchlöcherten. Ich sah, wie bei den ersten Sirenentönen, der Lagerleiter und zwei Feldmeister mit Gummistiefel ausgerüstet in den moorigen Waldboden sprangen, weg vom Lager und allen Arbeitsmännern. Letztere mussten sehen, wohin sie fliehen konnten, die Feldmeister waren bereits in den Schützengräben. Ich war richtig ärgerlich über dieses Verhalten der Vorgesetzten und wartete umso mehr auf die Entlassung aus der wohl nutzlosesten Tätigkeit in meinem bisherigen Leben, was ich bei der Entlassung auch, als ich in der Kleiderkammer meine Uniform abgab, vom dortigen Vorgesetzten zu hören bekam: „Ich möchte nur wissen, was sie beim Arbeitsdienst getan haben!" Ich antwortete nur: „Ich auch". So endeten diese 6 Wochen trostloser, als sie begonnen hatten.

Ich erhielt wenig später meinen „Einberufungsbefehl" zur Wehrmacht nach Josefstadt/Jermer zum Ersatzbataillon 91, obwohl die amerikanischen Panzerspitzen schon bei Crailsheim, also weniger als 100 Kilometer von meinem Heimatort entfernt waren. Schnell packte meine Mutter die nötigsten Sachen in eine Pappschachtel und begleitete ihren Lieblingssohn zum Bahnhof. Vater und Bruder waren auch schon im Krieg. Bruder Fritz, wie erwähnt, ein begeisterter Hitlerjunge und Sportler, meldete sich freiwillig zur Waffen-SS, zur Gebirgsdivision „Nord", er war ein sehr guter Ski-Fahrer, also in seinem ganzen Wesen das Gegenteil von mir, dem nachdenklichen, zögerlichen Bruder. Fritz war zu dieser Zeit, wo ich einrücken musste, immer noch in Karelien, im nördlichen

Finnland. Mein Vater tat Dienst bei einer Eisenbahneinheit, die zerstörte Bahnhöfe und deren Gleisanlagen wieder aufbauen sollte. Er war mit seinen 50 Jahren abgeordnet worden, weil er – obgleich Blockleiter bei der Partei – bei seinem Vorgesetzten, einem korpulentem Mann in Ungnade gefallen war und zum Kriegseinsatz freigegeben wurde und es kam so: dies erzählte jedenfalls mein Vater, ob es sich wirklich so verhielt, konnte man nicht nachprüfen: Als junge Russinnen, sie waren zum Arbeitseinsatz nach Deutschland geschickt worden, sich bei meinem Vater beschwerten (sie arbeiteten als Streckenarbeiterinnen bei großer körperlicher Anstrengung), dass sie kein Fleisch zum Essen bekämen und doch harte Arbeit verrichten müssten, ging mein Vater zum Vorgesetzten und sagte, dass die Fleischrationen nicht gerecht verteilt würden, es müsste eine Änderung eintreten. Dieses Vorgehen machte wohl meinen Vater missliebig bei der Partei und so wurde er zum Kriegseinsatz herangezogen. Er musste nun mit Bauzügen und Fremdarbeitern aus allen möglichen Ländern die durch Feindeinwirkung zerstörten Gleisanlagen und Bahnhöfe notdürftig wiederherstellen. Er hatte jetzt also gefährlichen Kriegseinsatz zu leisten. Meine Mutter war damals sehr deprimiert, als sie auch mich, ihren jüngsten Sohn zum Kriegseinsatz verabschieden musste. Sie begleitete mich traurig und verzweifelt zum Bahnhof. Die Fahrt sollte nach Osten, nach Josefstadt/Jermer über Prag, Pardubitz und Königsgrätz, im damaligen Protektorat Böhmen und Mähren, also an die Ostfront zu den Russen führen. Die Mutter drückte mir noch einmal lange die Hand, mit Tränen in den Augen, als ich sie mit einem tiefen, traurigen Blick ansah, so als wollte ich sagen: „Wir werden uns wohl nie mehr wiedersehen, es ist der letzte Händedruck von Dir, meiner Mutter." Dann nahm ich die Pappschachtel und bestieg den Zug in Richtung München. Die amerikanischen Panzerverbände näherten sich schon langsam meinem Heimatort, doch wer wagte es schon, sich den Einberufungsbefehlen zu widersetzen, wo die SS doch gleich jeden Deserteur an den Bäumen aufhängte. So ging es für mich nach einer stundenlangen Fahrt zuerst einmal nach Prag, wo ich mir die „goldene Stadt" bei einem längeren Aufenthalt gleich einmal genauer ansah. Die Karlsbrücke, der Hradschin, das konnte ich gerade noch neugierig betrachten, ehe es dann weiterging nach Josefstadt/Jermer. Es war ein kleiner, ganz im Gelbton sich fast unscheinbar gebender Bahnhof, wo ein Unteroffizier die ankommenden Rekruten, meist blutjunge Schüler, in Empfang nahm. Mit einem rumpeligen Lastwagen ging es dann zur Kaserne. Dort hatten sich schon viele neue Soldaten, es waren vor allem Jungen aus Wien, versammelt. Das Kasernengelände lag etwas außerhalb der Stadt, in der Nähe eines Parks, wo abends im April Tanzmusik über die Lautsprecher tönte. Das frühlingshafte Wetter und die ruhige, den Krieg vergessen machende Atmosphäre – die jungen Tschechen wurden ja nicht eingezogen – vermittelte ein friedliches, für mich glückliches Gefühl. So war auch meine Stimmung, sie regte mich sogar zum Dichten und Träumen von einer besseren Zeit an. Die Gegenwart versank in einem seligen Vergessen. Doch am Morgen wurde ich aus dieser unwirklichen Gefühlswelt herausgerissen, es hieß im 20 Mannzimmer um 6 Uhr aufstehen, unsanft geweckt durch Trillerpfeifen und schneidende Kommandos. Nach Waschen und Frühstück mussten wir antreten mit den am Vortag erhaltenen Ausrüstungsgegenständen einschließlich Stahlhelm und Gewehr. Der Feldwebel gab einen kurzen Befehl und dann setzte sich die Kompanie in Marsch zum Ausbildungsgelände, der Kompanieführer und höhere Offiziere waren noch nicht zu sehen. Der herandrängende Feind, hier die Russen, verlangte schnelle Einsatzbereitschaft und Ausbildung. Gleich beim ersten Ausmarsch sprang ich jedoch aus der Reihe und baute mich vor dem Feldwebel auf, der mein Ausscheren aus der Marschkolonne schon mit einer gewaltigen Schimpfkanonade bedacht hatte: „Was fällt denn Ihnen ein, mitten aus der Kolonne herauszulaufen, Sie sind wohl verrückt?" Ich wusste, dass mir nichts passieren konnte und sagte: „Herr Feldwebel, ich habe Schmerzen an einer Bruchnarbe, ich kann nicht mehr laufen". Der Schreiton über dem Kasernenhof wurde gleich ruhiger. Ich wusste mich zudem im Recht. „Dann melden Sie sich in der Schreibstube," gab er beherrscht zurück.

Nun, so habe ich mich vorerst durchgesetzt, dachte ich insgeheim und meldete mich bei Unteroffizier Bauer, einem der 4 Büroleiter in der Schreibstube. Bauer war ein hochgewachsener Mann anfangs der zwanziger Jahre, von gesunder rötlich-brauner Gesichtsfarbe und schwarzen Haaren, mit feiner Pomade nach hinten gekämmt. Er war meist jovial aufgelegt und schien mit seinem Job recht zufrieden zu sein. Eines Morgens betrat er die Schreibstube begleitet von 2 hübschen Tschechinnen, wohl seinen Freundinnen, und sprach mit mir und einer Sekretärin einige joviale Worte. Anscheinend kam er erst morgens von einem Ausgang oder Gelage zurück. Manchmal kam auch ein NS-Führungsoffizier dazu in die Schreibstube. Seine Aufgabe war es, die Soldaten nationalsozialistisch zu betreuen. Meist waren in solchen Stellungen ehemalige HJ-Führer oder Parteifunktionäre eingesetzt. Unser NS-Führungsoffizier war ein ehemaliger HJ-Führer. Er verfasste Aufrufe und Mitteilungen an die Soldaten der Kompanie, wie etwa: „Vor Berlin kommt die Rote Armee zum Stehen", oder: „Unser Führer verteidigt die Reichshauptstadt" u.ä. Ich fragte ihn einmal, ob er das denn selber glaube. Der blonde, junge Leutnant, mit grauseligem Haar und freundlichem Gesichtsausdruck, verkniff sich ein Lächeln und meinte, dass dies seine Aufgabe sei, er bekomme diese Meldungen vom Regiment und könne sie nicht nachprüfen.

Sonst verlief für mich der Tag im Ausfüllen von Gehaltslisten und Botengängen in der Stadt. Jermer war eine Kleinstadt, damals mit wenig Industrie, am Sonntag flanierten die Bewohner in den Parkanlagen, wo in der milden Abendluft Ende April, Anfang Mai über Lautsprecher immer wieder einschmeichelnde Melodien ertönten. Am Sonntag Nachmittag spielte die tschechische Jugend Fußball. Es war also ein recht friedliches Bild, das sich mir darbot. So griff ich auch mal zum Federhalter und ließ mich von dieser Stimmung zum Abfassen eines Frühlingsgedichtes mit sehnsüchtigen Klagen nach einer baldigen, sicheren Heimkehr inspirieren. Ich dachte oft an meine Mutter, den Vater und die Geschwister, wie es ihnen wohl erging in diesen letzten Kriegstagen. Einmal, als ich durch die Straßen schlenderte mit Gewehr und

Stahlhelm, der wohl etwas zu groß auf meinem schmalen, jugendlichen Kopf baumelte, da begegneten mir ein paar Tschechinnen, wohl auch Mütter, und sahen mich lange mit einem mitleidsvollen, traurigen Blick an, so als ob sie sagen wollten: „Ach, jetzt müssen fast noch Kinder bei den Deutschen an die Kriegsfront, der arme Junge." Eines Tages, kurz vor dem Waffenstillstand kam ein Anruf vom Regiment, dass ich ab sofort bei dieser Einheit Dienst tun müsse. Ich sah dies jedoch keineswegs als Auszeichnung für meine geleistete Arbeit beim Bataillon an. Jedenfalls gefiel es mir dort die wenigen Tage bis zum Tag X. Dann kam die Nachricht vom Waffenstillstand und der Befehl zum Abmarsch des ganzen Regimentsstabes. Ich konnte mir noch einen ledernen Offiziersmantel als „Abschiedsgeschenk" sichern, dann stieg ich, nach der förmlichen Übergabe der Kaserne, eines ehemaligen Schulgebäudes, an die tschechische Stadtverwaltung, in einen bereitstehenden Lastwagen, wo bereits etliche Soldaten und Offiziere warteten. Das hatte nun also die Versetzung zum Regiment gebracht, man rückte motorisiert ab, der Bataillonstab hingegen marschierte, wie ich später sehen konnte, zu Fuß. Doch letzten Endes wurde die ganze Einheit von den Russen gefangengenommen, ob Regiment oder Bataillon. Man fuhr zuerst oder marschierte in südlicher Richtung und wollte schnell an die deutsche Grenze kommen. Doch plötzlich, es war etwa nachmittags gegen 17 Uhr, in der Früh war man gegen 10 Uhr aufgebrochen, da stockte die ganze Fahrzeugkolonne. Keiner wusste etwas von der Ursache des Aufenthalts. Dann kam langsam und leise, fast bedrückend die Meldung durch, dass vorne der Russe steht. Russische Vorauskommandos hatten die lange Fahrzeugkolonne gestoppt, alle waren schockiert. Es kam die Anweisung durch, die Fahrzeuge zu verlassen und sich in einer nahen Wiese zu sammeln. Dort stand schon ein baumlanger deutscher SS-Untersturmführer, also ein SS-Offizier im Leutnantsrang, der von den Russen ausgesucht wurde. Wohl hatten sie einen großen Respekt vor der Waffen-SS. Der SS-Offizier sah sehr blass aus, russische Soldaten standen neben ihm, so als ob sie ihn bewachen wollten. Nach dem Appell kamen vereinzelt Russen durch die Reihen und plünderten, Uhren, Eheringe, wertvolle Soldatenmäntel usw. So nahmen sie mir gleich meinen ledernen Offiziersmantel ab, andere mussten ihre pelzgefütterten Luftwaffenstiefel ausziehen und die abgenutzten Stiefel eines Russen anziehen. Es war ein tieftrauriger und bedrückender Augenblick angesichts der vielen gefangenen Soldaten. Inzwischen war es Abend geworden und man marschierte zum nächstliegenden Dorf. Die Offiziere durften in der ersten Nacht der Gefangenschaft in einer Schule Quartier nehmen, die Soldaten mussten auf einer Wiese im Freien übernachten. Ich ging einfach in die Schule, es wurde nicht kontrolliert und man ließ mich unter den vielen höheren Dienstgraden unbehelligt. Wir legten uns auf den Fußboden und verbrachten die Nacht mehr im Halbschlaf und Angstträumen vor der kommenden, berüchtigten russischen Gefangenschaft. Ich fragte am Morgen einen Leutnant, ob er mit mir fliehen wolle, doch er lehnte ab. Dann marschierten wir zuerst alle in ein wohl schon vorbereitetes Lager, wobei der Marsch durch ein langgezogenes Dorf ging. Nur wenige Russen begleiteten die deutsche Gefangenenkolonne, wir wurden ja von einem Vorauskommando gefangen. Der Zug bog plötzlich in eine langgezogene Kurve ein, als ich in einer Seitengasse einen Omnibus stehen sah. Schnell verließ ich unbemerkt die Kolonne und fragte am Omnibus, ob ich mitfahren dürfe. Einige jüngere Frauen, es waren, wie sich später herausstellte, Luftwaffenhelferinnen, nahmen sich meiner an, vielleicht aus Mitleid mit dem jungen Soldaten. Sie bejahten meine Bitte und gaben mir Zivilkleidung. Ich zog die Uniform aus, sie wurde im Bus versteckt und mein Soldbuch warf ich, nachdem ich es in viele Stücke zerrissen hatte, in einen Abwasserkanal, nahe dem Bus. Nach einigen Minuten fuhr der Bus in Richtung Dorfstraße, bog nach links ab und nahm Kurs auf eine Straße, die nach meinen Kenntnissen direkt nach Pressburg führte, also gerade in ein Gebiet, das von den Russen schon besetzt war. Ich ging mit meiner Karte, es war eine Eisenbahnkarte, zum Busfahrer und wollte es ihm erklären, doch dieser beharrte weiter auf seinem Kurs. Aber nicht die Russen, sondern Tschechen stoppten bald den Bus vor einem Dorf und zwangen alle Passagiere auszusteigen. Jeder wurde gemustert und einer Visitation unterzogen. Ich musste mich bis auf die Unterhosen ausziehen, dann suchten sie nach Militärstempeln an der Unterwäsche, konnten aber nichts finden, da ich meine eigene, private Wäsche anhatte. Ich hatte gleich bei der Untersuchung Englisch gesprochen, ich hoffte so als Engländer angesehen zu werden. Doch welche Überraschung: Der Anführer der tschechischen Gruppe sprach ebenfalls Englisch und zwar recht fließend, so dass ich schließlich kleinlaut sagte, dass ich Deutscher sei. Auf die Frage, warum ich dann den Engländer vorgetäuscht habe, meinte ich, dass wohl in meiner deutschen Heimat die Amerikaner oder Engländer den Ton angäben und ich deshalb schon jetzt diese Sprache verwenden wolle. Diese fade Ausrede wurde mir natürlich nicht abgenommen, aber sie bestärkte doch die Annahme, dass ich noch nicht richtiger Soldat, sondern eher noch ein unreifer Jugendlicher war. So durfte ich zusammen mit einem älteren Mann und etlichen Frauen in einem Handleiterwagen, den die Tschechen uns zur Verfügung stellten, mit dem wenigen Gepäck weiterziehen. Im nächstliegenden Dorf wartete eine große, mühevolle Arbeit auf uns: In einer Turnhalle lagen Kartons, Papier und vor allem viel Heu und Stroh, wild durcheinander. Hier hatten deutsche Flüchtlinge aus den Ostgebieten wochenlang genächtigt und waren nach Kriegsende weiter gegen Westen gezogen. Jetzt sollten meine Gefährten und ich diese Halle wieder in einen ordentlichen Zustand versetzen und in Schwerarbeit alle Überreste beseitigen. Alle packten an und schafften es in zwei Stunden, die großen Heu- und Strohballen auf ein nahe gelegenes Grundstück zu schleppen. Die Tschechen waren ganz glücklich und brachten für die gewiss nicht gut ernährt aussehenden Deutschen Schweinebraten und Knödel, alles recht gut und appetitlich serviert, zu uns, den erschöpft wirkenden „Zwangsarbeitern". Es war eine recht friedliche Szene. Man bedankte sich herzlich, und dann ging es mit dem Leiterwagen am Spätnachmittag weiter. Wir liefen einige Stunden, bis die Dämmerung hereinbrach. Ein naher Wald mit einer kleinen Lichtung sollte das Nachtquartier sein. Mitte Mai waren die Nächte noch recht kühl, man schlief eng beieinander. Ich lag neben einer Luftwaffenhelferin, einer recht hübschen, jungen Frau, Susanne Bartsch war ihr Name und ich hatte mich öfters mit ihr tagsüber unterhalten. Jetzt lag sie neben mir, sie schaute mich nachdenklich an, grübelte, so als ob sie rätselte, ob ich noch ein unreifer Junge oder schon ein richtiger Mann war. Ich erging mich in pubertären Gedanken, überlegte mir, was die Frau wohl wollte, ob sie Gefühle für mich hatte. Doch dann schlief ich, unter dem hohen Dach der Tannen und von den Anstrengungen des Tages übermüdet, ein. Früh, es war wohl gegen fünf Uhr, wurden wir alle durch ein vielstimmiges Vogelkonzert geweckt. Es war für mich ein unvergessliches Erlebnis, unter freiem Himmel, in einem Tannenwald, ohne die Bequemlichkeiten eines Nachtquartiers in einem Haus, eng mit der Natur verbunden, genächtigt zu haben. Keine Decke gab es, kein Kopfkissen, kein Zähneputzen, keine Morgenwäsche, kein Frühstück. Das waren nun die Entbehrungen vieler Tage. Wir machten am Morgen ein Paar Lockerungsübungen und dann ging der Marsch mit dem Leiterwägelchen weiter. Nach einigen Stunden – als Nahrung nahm ich nur ein wenig Zucker aus meinem Brotbeutel zu mir – erreichten wir, die abgezehrten Gestalten, gegen Nachmittag einen größeren Ort mit Lagern für Zivilpersonen und Soldaten. Russische Posten standen am Dorfeingang und prüften ankommende Personen nach Alter, Geschlecht und Nationalität. Dann kam man entweder in das Zivillager oder in das Gefangenencamp. Ich wurde von einem jungen russischen Soldaten gleich in das Gefangenenlager gewiesen, wo auf einer Wiese unzählige andere Feldgraue kampierten. Eine tiefe Enttäuschung überkam mich, war ich doch wieder von den

Russen gefangen genommen. Eine entsetzliche Traurigkeit kam über mich. Doch man lagerte nicht lange, bald hieß es, alle sollten sich aufstellen nach Einheiten, also die 24. Inf. Division, die 4. Pz. Division usw. Ich stellte mich zu irgendeiner Gruppe, da ich nicht wusste, zu welcher Division mein Btl. 91/Ersatz, Josefstadt-Jermer gehörte. Ein anderer Feldgrauer meinte sarkastisch, man solle die Leute gleich nach der Schuhgröße aufstellen. Nach dieser ersten Ordnungssuche ging es dann weiter im Gefangenenmarsch nach irgendeinem Lager. Ich sah gerade, wie ein deutscher Soldat am Rande der Kolonne langsam humpelte, es sah so aus, als könne er nicht mehr laufen. Da geschah etwas ganz Brutales: Der die Kolonne bewachende russische Soldat richtete seine großkalibrige Pistole gegen den Nacken des Soldaten und drückte ab. Dieser sank sofort tot zusammen. Schrecken breitete sich bei den Mitgefangenen aus, während der Russe, es war noch ein ganz junger Mann, ein breites, eiskaltes Lachen aufsetzte. Ich dachte mir, hier musst Du wieder eine Flucht riskieren. Als man an einem Dorf vorbeimarschierte und der Posten gerade nicht aufpasste, sprang ich blitzschnell in eine Seitenstraße und ging auf eine große Scheune zu, wo außer Frauen und Mädchen einige Jungen herumstanden, zu denen ich mich gesellte. Gleich merkte ich, dass es sich um Flüchtlinge handelte, die von Schlesien kamen und wieder in ihre Heimat zurückwollten. Bei ihnen lagerte ich mich nun in der Scheune, ich lag neben einem Mädchen von etwa 22 Jahren auf dichten und schon stark zusammengedrückten Heubündeln. Die erste Nacht war schrecklich: Gegen Mitternacht wurde die Tür aufgestoßen und mehrere Rotarmisten leuchteten mit ihren

Dynamotaschenlampen die Scheune ab, sie suchten nach Mädchen, die sie wohl vergewaltigen wollten. Alle Frauen in der Scheune schrieen fürchterlich, jammerten und riefen nach dem Kommissar. Sie erhofften sich von diesem Hilfe. Doch niemand traute sich ins Dorf zu laufen, hin zur Kommandantur der Russen, jeder hatte Angst, die Soldaten würden schießen. Es herrschte ein ohrenbetäubendes, unbeschreibliches Schreien und Kreischen in dem Raum; das Mädchen neben mir zitterte am ganzen Leib, die Liegestatt aus Heu und Stroh bebte. Nach einer Weile – die Russen hatten wohl Angst oder vielleicht Mitleid – entfernten sich die Eindringlinge wieder, ohne ihr grausames Vorhaben ausgeführt zu haben. Erst nach Stunden war wieder an Schlaf zu denken, manche verbrachten eine schlaflose Nacht, es konnte sich ja dieser Vorgang jederzeit wiederholen. Am nächsten Morgen gab es ein aufgeregtes Sprechen und Fragen nach den Tätern und, ob man es noch der Kommandantur melden solle. Doch der Zweifel über die Wirksamkeit eines solchen Unterfangens überwog. Dazu kam eine neue Nachricht: Bei der Kommandantur konnte man Ausweise zum Bezug von Lebensmitteln abholen. Ich eilte sofort los, in einer Schlange vor mir wartete ein etwas älterer Mann, der seine Ausweispapiere und aus Versehen ein Papier liegen ließ, als er vor einem Offizier seine Ausweise ausbreitete. Ich legte einen alten HJ-Ausweis vor und nahm aus Versehen ein Papier eines älteren Mannes mit. So konnte ich nun mit einem anderen Namen auftreten. Es war mir später unheimlich und zugleich angsteinflößend nun auch als Schwindler aufzutreten, doch rückblickend muss ich sagen, dass ich nur wenig von dem Papier Gebrauch gemacht habe und in einer verzweifelten Lage war, die zu panikartigen Handlungen verführte. Doch heute muss ich diese Tat bereuen und vor meinem Gewissen Gott um Verzeihung bitten. Indes, vorläufig brauchte ich das Papier nicht, denn das Lager wurde Hals über Kopf geräumt, und wir marschierten auf Landstraßen in Richtung Linz zur Demarkationslinie. Oft fuhren russische Lastwagenkolonnen vorbei mit den roten Sternen auf der Kühlerhaube und den Wagentüren, dazu riefen die glatzköpfigen Soldaten den am Rande manchmal stehenden Zivilisten lachend zu: „Prima Krieg", wobei sie ihre Maschinenpistolen triumphierend in die Höhe hoben. So zogen endlose Kolonnen von Fahrzeugen, Geschützen und Panzern vorbei, immer weiter gegen Westen. Unsere Gruppe, bestehend aus einem älteren Mann, zwei Frauen Mitte der Fünfzig und mir, strebte zu der Demarkationslinie zwischen den russischen und amerikanischen Truppen bei Prägarten vor Linz. Es war noch ein weiter Weg, doch nach einigen Gewaltmärschen erreichten wir an einem hellen Maitag Prägarten, wo ich mich von meiner Gruppe verabschiedete und nun meinen Weg allein nach Hause zu finden hoffte. Als ich einige Stunden so allein gegangen war, tauchten plötzlich, ich traute meinen Augen kaum, Lastwagen mit einem weißen Stern auf, es waren amerikanische Fahrzeuge, die deutsche Flüchtlinge aus Schlesien in den russischen Sektor transportierten. Diese wollten von ihren Flüchtlingsorten im Westen nun wieder in ihre Heimat zurück, nichtwissend, dass durch das spätere Potsdamer Abkommen die Gebiete endgültig für die Deutschen verloren waren. Diese Lastwagen fuhren nun wieder leer zurück, ich sah gerade noch, wie sie an dem russischen Kontrollposten kurz anhielten und dann weiter davon in den amerikanischen Sektor brausten. Das könnte, so dachte ich, deine Chance sein. Langsam näherte ich mich dem Kontrollpunkt und beobachtete das Geschehen genauer. Ich musste einen amerikanischen Lastwagenfahrer anhalten, falls er wieder kommt, wenn der russische Posten unaufmerksam war oder etwas anderes zu tun hatte. Da – plötzlich tauchte wieder ein Lastwagen mit den weißen Sternen auf. Er entlud seine Flüchtlinge und drehte rasch zum russischen Posten um. Jetzt trat ich an seine Türe heran, unbeobachtet von den russischen Soldaten und fragte ihn, ob er mich nach Linz mitnehmen würde. Ich kratzte mein Schulenglisch zusammen und fragte: „Can you drive me to Linz?" Es war natürlich nicht höflich formuliert, aber der junge, rotblonde Amerikaner war misstrauisch, aus anderem Grund: „Are you a German?", „No", sagte ich, „I am an Austrian, near Linz I am at home". Er nickte nur und sagte fast gleichgültig: „Get on", ich stieg schnell hinauf und duckte mich hinter der seitlichen Verkleidung des Lastwagens, dann ging es in schnellem Tempo zum russischen Kontrollposten. Dieser blickte nur flüchtig auf das Fahrzeug seines amerikanischen Waffengefährten und ließ den Lastwagen passieren und damit auch mich. Ein ungeheures Glücksgefühl fühlte ich in mir aufsteigen, es war wie eine Auferstehung, ganz säkular empfunden, doch ich dachte auch an Gottesfügung und Segnung. Oft hatte ich im Stillen – so auch in einem Lager – um Gottes Hilfe gebetet. Nun war alles in Erfüllung gegangen. Es war eine helle, sternenklare Mainacht, als ich durch das abendliche Linz ging. In den CafJs und Gaststätten saßen überall amerikanische Soldaten, in feinen Ausgehuniformen und den Duft parfümierter Zigaretten vor sich hinblasend. Auf den Straßen hörte man ihre Schritte kaum, sie trugen leichte, gummibesohlte Stiefel. Alles eine ganz gewaltige Veränderung zu der bisherigen Umgebung in den von Russen besetzten Gebieten, eine zivilisiertere, entspanntere Atmosphäre. Ich machte mich gleich auf den Weg zum Bahnhof, dachte ich doch, dass vielleicht Züge nach dem Bayerischen und meiner Heimatstadt Nördlingen fahren würden. Ich hatte mich auch nicht getäuscht, es war im Bahnhof in Linz gerade ein mit Kohlen beladener Güterzug, der in Richtung bayerischer Grenze bereitstand. Es war so gegen zehn Uhr abends, als ich heimlich einen Güterwaggon erklomm und mich auf den Kohlen vorsichtig ausbreitete. Meine schon verdreckten Kleider, vor allem mein Damenmantel, den mir die Luftwaffenhelferinnen geschenkt hatten, wurde noch um einige Kohlenflecken mehr beschmutzt, als er ohnehin schon war. Es war eine wunderschöne Fahrt bei einer sternklaren, lauen Mainacht auf einem mit Kohlen beladenen Güterwagen so ganz allein in der Dunkelheit in Richtung bayerische Grenze zu fahren. In Schärding, kurz vor Passau, hielt der Zug an. Es schien als ob es nicht mehr weitergehen sollte, so dass ich vom Waggon herabkletterte und mich die Nacht über im Bahnhofsgelände aufhielt. Am nächsten Morgen schaute ich am Bahnhof, wo ein Zug in Richtung Passau abgeht; tatsächlich stand eine Dampflok mit einigen Waggons bereit, die nach Auskunft eines Bediensteten nach der bayerischen Stadt fahren sollten. Nach zwei Stunden setzte er sich mit übervollen Abteilen in Bewegung, doch er fuhr nicht lange, dann stoppte er kurz vor Passau. Alle mussten aussteigen und durch eine Passkontrolle gehen. Ich kramte meine Papiere mit dem fremden Namen hervor und bewegte sie schnell zu dem Auge des Betrachters hin, damit sich das Auge des Kontrolleurs rasch akkomodieren musste und damit weniger scharf lesen konnte, so dachte ich jedenfalls. Diese physikalische, vielleicht auch nur sporadisch intuitive Vorstellung, hatte jedenfalls den erwünschten Erfolg: Ich konnte diese Kontrolle gut überwinden und war nun in Bayern, ein weiteres Hindernis fühlte ich beseitigt. Wie so oft, dachte ich jetzt nur an das weitere Heimkommen, an den Nostos zu meiner lieben Mutter, dem rechtschaffenen Vater und den helfenden Geschwistern. Dies brannte immer im Herzen und lenkte in kühnen Kapriolen meinen Verstand. Müde war ich und ohne rechte Vitalität, ich hatte kaum zu essen oder zu trinken, Läuse plagten mich an allen Körperteilen; so schleppte ich mich wieder langsam zu den Bahnsteigen des Passauer Bahnhofs. Da sah ich auf einem Bahnsteig eine lange Kolonne deutscher Gefangener, von amerikanischen Posten bewacht. Ich fragte einen Soldaten, wohin sie denn wohl transportiert würden, er meinte, nach Regensburg und dann weiter nach Treuchtlingen über Donauwörth. Ich war wie elektrisiert, als ich den Namen Donauwörth hörte, und reihte mich gleich in die wartende Gefangenenkolonne ein. Als der begleitenden US-Wachsoldat abzählte, war eben ein Mann mehr, was ihm aber nicht weiter auffiel oder ihm gleichgültig war. Jedenfalls zählte er mit seinem Zählstab monoton die einzelnen Glieder ab: „One", „two", „three" usw. und achtete dabei nicht darauf, ob in jedem Glied vier Mann oder fünf standen. In meiner Reihe waren es eben fünf, doch er übersah dies. Es ging eben nicht preußisch genau zu, mir fiel ein Stein vom Herzen. Es dauerte nicht lange, dann brauste ein Güterzug heran mit ca. 30 Waggons. Wir wurden schnell verladen, in jedem Waggon so ca. 20 Gefangene. Vorne waren 2 Reisewagen mit amerikanischen Wachpersonal. Auf der Lokomotive hantierten amerikanische Transportsoldaten, anscheinend ganz gut mit den deutschen Lokomotiven vertraut. Natürlich hatte man noch „Dampfrösser". Mir wurde immer leichter zumute, zwar konnte man sich auf dem Waggon kaum bewegen, wir wurden richtig zusammengedrückt in eine Ecke geschoben, doch der Fahrtwind sorgte für gute Luft in der verschwitzten Menschenmasse. So nahe vor dem Ziel war ich ohnehin in hoch euphorischer Stimmung. Der Zug hielt nur selten an, ich hoffte, dass er auch in Donauwörth einen Halt machen würde, wo ich vielleicht den Transport verlassen könnte. Immer wieder konnte ich mich ja den Sammellagern und Sammeltransporten entziehen. Ich weiß nicht, wie mir dies stets gelang, aber rückblickend komme ich doch zu diesen Überlegungen: Gewiss, ich war noch recht jung, so 16 ein halb Jahre, man glaubte wohl manchmal, ich sei nicht Soldat gewesen. Zum anderen trieb mich ein unbändiges Verlangen, die Heimat zu erreichen, meine Eltern, meine Mutter, meinen Vater, meine Geschwister wiederzusehen, dies ließ mich in keinerlei Verzweiflung versinken. Es ging alles viel zu schnell, man musste von einem Tag auf den anderen sehen, wie man weiter kommen konnte, ohne gleich wieder vor dem Aus der Heimkehr zu stehen. Aber ich dachte immer, Gott steht mir bei.

Der Zug hielt nun in Regensburg, doch nur ganz kurz, dann in Ingolstadt und schließlich, das wusste ich aus meinen Lokalkenntnissen und meiner Bahnkarte, die ich immer bei mir führte, musste Donauwörth kommen. Ich fieberte der Stadt entgegen, Halt oder Weiterfahrt, das war die Frage. Nun sah ich den Donauort, da wo die Wörnitz einmündet, in der ich in Öttingen als Junge öfters gebadet hatte. Wild fauchend näherte sich die Lok und plötzlich hörte ich ein langgezogenes Kreischen und spürte das Vibrieren des Waggons – der Halt in der Station musste in wenigen Minuten erfolgen. Und ein Wunder. Der Zug hielt. Nun war das Problem: „Wie komme ich aus dem Waggon heraus?" Ich dachte mir, ich rufe einen amerikanischen Posten, der wird mich schon auf die Toilette lassen! So rief ich laut „Hello, I must go to the watercloset!" Nun kam ein Soldat, öffnete unseren Waggon und ließ mich zur Bahnhofstoilette, zu der ich mich recht langsam hinbewegte, in der Hoffnung, dass der Zug inzwischen weiterfahren sollte. Und ich hatte Glück. Langsam fuhr er an, ich war gerade aus der Toilette gekommen, das Wachpersonal im Zug konnte nicht mehr eingreifen. Meine Rettung kam immer näher. Da ich Zivil trug, fiel ich den überall patrouillierenden Soldaten nicht weiter auf. Ich kannte mich in Donauwörth etwas aus und wusste, wo die Straße nach Nördlingen war, man musste eine lang ansteigende Straße hinaufgehen. Oben wartete ich an der breiten Straße auf einen Bus oder ein Auto, das mich nach der Riesstadt mitnehmen würde, Züge verkehrten damals ja zwischen kleineren Orten noch nicht. Plötzlich hielt ein dichtbesetzter

Bus an, ich fragte den Fahrer, ob Nördlingen sein Ziel sei. Als er bejahte, stieg ich ein, ein Fahrpreis wurde nicht verlangt, es gab noch keinen in allen Details geregelten Busverkehr, es könnte auch so gewesen sein, dass der Fahrer von einem etwas vernachlässigt aussehenden Kunden kein Geld verlangte. Die Fahrt ging ohne Zwischenfall bis Harburg, da wurden wir von amerikanischen Posten kontrolliert. Ich konnte keinen gültigen Ausweis vorzeigen, der Soldat runzelte die Stirn und meinte dann, ich solle mir beim Kommandanten in Nördlingen einen Ausweis besorgen. Ich sagte ganz erleichtert zu, dachte mir aber, das wird wohl nicht so schnell geschehen. Denn ohne einen ordentlichen Ausweis oder Entlassungsschein aus der Gefangenschaft wird es wohl auch keinen Ausweis bei der Militärverwaltung der US-Army geben, dachte ich nur. Dann ging die Heimfahrt weiter, bis ich die Strecke ab Möttingen sah, die geradewegs nach Nördlingen führt. Von weitem sah ich schon den Daniel, den Kirchturm Nördlingens, für mich ein überwältigendes Gefühl der Heimkehr, ein Gefühl der tiefen Dankbarkeit und der Befreiung von allen Todesängsten. Kurz vor der Einfahrt zum Reimlinger Tor bat ich den Busfahrer anzuhalten und dann ging ich bei der kleinen Gastwirtschaft „Zum Reh" den Basteigraben Richtung Elternhaus. Der ganze Weg an diesem sonnigen Nachmittag im Mai des Jahres 1945, es muss so der 20. Kalendertag gewesen sein, war ein Gang gleich einer Auferstehung entgegen. So empfand ich es ständig, bei jedem Schritt kam mir dieser Gedanke und auch die Erinnerung an Tolstois Buch mit dem Titel „Auferstehung", das ich vor meiner Abreise in den Krieg noch gelesen hatte. Dann ging ich den schö-

nen Promenadenweg mit den knorrigen, weithin schattenspendenden Kastanien entlang, in die letzte Kurve einbiegend, und
nun sah ich das Elternhaus, einst im schmucken Gründerzeitstil
erbaut, mit der hellen Fassade vor mir aufleuchten. Zum Fenster
im oberen Stock schaute meine Schwester Gerda heraus, als sie
mich sah, rief sie laut voller Freude ins Haus hinein und auch zu
mir herunter: „Der Heinzi kommt", „der Heinzi kommt". Mit der
Gerda hatte ich zeitlebens und auch heute noch, ebenso wie mit
meiner Schwester Helene ein harmonisches, herzliches Verhältnis. Ihre Sorgen, Freuden und Vorhaben hat die Gerda mir bis
heute immer gewissenhaft mitgeteilt. Sie war nun der erste Bote
meiner Ankunft. Vater eilte gleich zur Hoftür und umarmte mich,
wie auch die überglückliche Mutter mit Tränen in den Augen,
alle, auch die Schwester Helene umringten überglücklich den
heimgekehrten Sohn. Mutter meinte in den vergangenen Wochen,
dass die Russen die Buben wohl alle erschossen hätten, sie seien
ja noch zu jung und unerfahren in den Krieg gezogen, der Heinzi
sei ja so nicht ganz gesund gewesen. Doch es kam alles ganz anders, ein schützender Engel hielt wohl seine Hand über mich.

Man brachte mich gleich in die Waschküche, ein heißes Bad
wurde bereitet. Ich war ja übersät mit Läusen und anderem Un-
geziefer, die Kleider hat mein Vater gleich mit dem Anheizen des
Ofens mitverbrannt. Dann umringten sie mich alle in der Küche,
wo ich weit ausholend von meinen Erlebnissen erzählte, es war
fast wie bei der Heimkehr des Odysseus, obwohl es bei mir natürlich alles in kleineren Dimensionen und ohne märchenhaftes

Ambiente geschah.

In Nördlingen war jetzt alles anders, als es mir vertraut war. Amerikaner kontrollierten am Abend in den Straßen der Kleinstadt mit der gewohnten Nonchalance, nach der Sperrstunde ab 20 Uhr sah man aber keine Deutschen mehr auf den Straßen und Gassen, eine ungewöhnliche Stille lag über der Stadt. Ab und zu fuhr ein Jeep der US-Streitkräfte um die inneren Ringstraßen, ein Hund kläffte mal an einer Ecke und eine Katze miaute vor sich hin. In einzelnen Gaststätten und Cafes saßen, feine Zigaretten rauchend, die Besatzungssoldaten. Auf einigen Plätzen standen in langen Reihen Panzer an Panzer der US-Forces. Kriegsschäden sah man nicht, das Städtchen wurde kampflos übergeben. Der Volkssturm hatte sich vor der Übergabe durch den Stadtamtmann auf die Marienhöhe zurückgezogen, der Bäckermeister Weidner ging dabei der Kolonne voraus und hat den verängstigten Frauen, die am Bergergraben und Hohlen Schänzle aus ihren Häusern herausschauten, zugerufen: „Leit, geht in d'Häuser nei, der Feind kommt". So haben sie alle abgewartet, währenddessen die Panzerkolonnen durch die engen Stadttore der mittelalterlichen Stadt dröhnten und vor der Kirche zeitweilig Halt machten. Meine Mutter erzählte diese Geschichten immer wieder.

So gingen damals im Mai und Juni 1945 die Tage und Abende vorüber mit den Erlebniserzählungen und dem Fragen nach den Ursachen der deutschen Katastrophe. Doch die Nöte des Alltags richteten den Blick immer mehr in die unmittelbare Gegenwart und die ganz nahe Zukunft. Vater war bei der Eisenbahn mit der

Aufräumarbeit des völlig zerstörten Bahnhofs mit einer bunt zusammengewürfelten Schar von Aushilfsarbeitern (entlassenen Beamten, heimgekehrten Soldaten, die keine Arbeit hatten, ehemaligen Gleisarbeitern) jeden Tag bis zur äußersten Anspannung seiner Kräfte beschäftigt. Dazu musste er noch seine Familie mit drei Kindern ernähren, mein Bruder war noch nicht da. Es gab ja immer noch Lebensmittelmarken und größte Einschränkungen. Doch wir hatten Verwandte auf dem Lande und auch einen Vetter in der Stadt, die durch Schwarzschlachtungen (so nannte man damals das illegale Schlachten von Tieren), immer noch genügend Fleisch- und Wurstwaren hatten, um auch ihren Verwandten aushelfen zu können. So ging es mit der Lebensmittelversorgung in unserer Familie damals ganz leidlich, obwohl natürlich nicht immer eine Hilfe gefunden wurde.

Die Besatzungsmacht kontrollierte auch sonst alles Mögliche. Einmal, an einem schönen Junimorgen, kamen US-Soldaten den Bergergraben herauf und verlangten auch zu unserem Haus Zutritt. Ich öffnete ihnen das Gartentor, sie waren recht freundlich, verlangten aber den Schlüssel zu den Wohnräumen und durchsuchten zuerst das Wohnzimmer. Sie ließen sich die Schubladen eines Wohnzimmerschrankes öffnen. Ein Gesangbuch in einer schwarzen Schachtel erregte die Aufmerksamkeit eines Soldaten, wahrscheinlich meinte er, dass sich hier eine Pistole verberge. Als er dann das Buch sah mit dem Kreuz auf dem Ledereinband, wich er fast ehrfurchtsvoll zurück, fast unsicher lenkte er seine Schritte wieder nach der Haustür. Er war wohl erstaunt, dass es unter den angeblich so vielen Nazis auch noch Christen gab oder auch beides nebeneinander herlaufen konnte. Wir waren alle erleichtert, als die Soldaten das Haus verlassen hatten, man hatte ja von verschiedensten Übergriffen der Besatzungsmacht gehört. Aber es ging zivilisierter vor sich, als ich es von russischen Soldaten gewohnt war. So vergingen die Tage in diesen Sommermonaten mit den Sorgen und Ängsten einer geschundenen Bevölkerung, die einer fremden Macht völlig ausgeliefert war.

Neben uns wohnte ein Fräulein Schröder, sie war die Dolmetscherin beim Stadtkommandanten Captain Brown. Man grüßte sie ehrerbietig, vor allem mein Vater, glaubte er doch, sie einmal bei seiner Entnazifizierung als wohlwollende Helferin gewinnen zu können. Man hatte ja als ehemaliger Blockleiter der Partei so manche negative Punkte in den neuen Personalakten. Einmal musste dies mein Vater ganz deutlich verspüren: Der Flüchtlingskommissar der Stadt bat eines Tages um die Besichtigung unseres Hauses, um Möglichkeiten für die Aufnahme von Flüchtlingen zu überprüfen. Ein kleines Zimmer im Erdgeschoss hielt er für eine Vermietung an eine alleinstehende Frau für möglich und notierte sich das Haus und das Einzelzimmer. Mein Vater hielt dagegen, dass er eine Familie mit drei erwachsenen Kindern in dem kleinen Einfamilienhaus ernähren und unterbringen müsse. Der Flüchtlingskommissar meinte dagegen barsch: „Sie waren ja auch Blockleiter"! Mein Vater erwiderte trotzig und wütend: „Nach dieser Zeit kommt auch wieder eine andere"! Der Kommissar darauf erregt: „Halten Sie sich zurück, sonst melde ich Sie beim Stadtkommandanten!" Es wirkte auch ein wenig grotesk, da der Vater des Kommissars ein guter Bekannter meines Vaters war und wohl bald ein Gespräch beider nachfolgen sollte. So vergingen die Tage mit den alltäglichen Nachkriegsproblemen. Natürlich stand die Sorge um unseren Bruder Fritz, der bei der SS-Gebirgsdivision „Nord" zuerst in Lappland, in Finnlands Norden, und dann die kurze Zeit im Kriegsjahr 1945 im Westen eingesetzt war. Die letzte Nachricht kam aus Badenweiler, dann schrieb er nicht mehr. Es war eine traurige Zeit für die ganze Familie. Alle Suchmeldungen und Auskunftsersuchen für unseren Fritz brachten kein Lebenszeichen.

Ich selbst arbeitete nun, solange die Schule nicht wieder ihre Tore geöffnet hatte, bei einem benachbarten Gärtnerbetrieb und verdiente mir als Unkrautjäter ein kleines Taschengeld. Dabei erlebte ich einmal eine lustige, aber auch fast skrupellos anmutende Begebenheit in dieser Notzeit. Meine Mutter war im Hof des Hauses beschäftigt, als die Gärtnermeisterfrau gerade vorbei kam und ihr zurief: „Sagen Sie der Ricke (das war ihre Angestellte im benachbarten Gärtnerareal), sie soll Rubenblätter schneiden, die Leute wollen (in der Hauptgärtnerei) Spinat". Es wurden also wissentlich Rübenblätter statt Spinat verkauft. So war das in der Nachkriegsepoche, der Hunger musste in vielen Mägen gestillt werden und da mogelte man eben auch, es reichte hinten und vorne nicht. Eines Tages stand in der neu zugelassenen Zeitung, dass sich alle Schüler im Schulhof des Gymnasiums, dem alten Hallgebäude, zwecks Vorbereitung des Schulbeginns einzufinden hätten. Hocherfreut ging ich dann an diesem Morgen in meine alte

Schule, war aber erstaunt, dass der alte Schulleiter und eine mir wohl vertraute Lehrerin, die auch ein wenig NS-Unterricht, doch in recht freundlicher, ja liebenswerter Weise, erteilt hatte, vor uns Schülern die Registrierung vornahmen. Doch wir nahmen es alle mit Gleichmut auf, Hauptsache man konnte wieder etwas lernen und seinen beruflichen Zielen näher kommen, obwohl noch keine klareren Pläne gemacht werden konnten. So ging man nach einiger Zeit und kurzen Gesprächen mit den ehemaligen Schulkameraden wieder nach Hause und wartete sehnsüchtig auf den ersten, neuen Schultag in einer völlig veränderten Gesellschaft und Umgebung. Doch lange geschah nichts. Erst im nächsten Jahr, also 1946 im Frühjahr, öffnete die Schule nun endgültig ihre Pforten, aber unter einem neuen Schulleiter. Es war nicht mehr der alte Direktor, er wurde inzwischen von der Militärregierung abgesetzt, wahrscheinlich wegen seiner SA-Zugehörigkeit, seines Hauptmann-Ranges d. Reserve und überhaupt als Schulleiter einer deutschen Oberschule im Dritten Reich. So erging es ja allen ehemaligen Schulleitern. Er war jetzt nur noch Lehrer an der Schule. 14 Tage später nach der Eröffnung gab es dann regelrechten Unterricht, einige Fächer wie Geschichte und Sport wurden noch nicht unterrichtet, Lehrpläne (Inhalte und Methoden) waren für die Gymnasien in einer demokratischen Gesellschaft noch nicht entwickelt. Von den Lehrern wurden nach dem Krieg anfangs nur solche eingestellt, deren Tätigkeit im Hitlerreich von der Militärregierung genau überprüft und für den Lehrberuf in einer demokratischen Gesellschaft nicht hinderlich war. In Deutsch war es eine etwas ältliche, sehr distinguiert wirkende Dame, die mit hoher Stimme recht energisch auftrat. Sie wirkte etwas gekünstelt, doch schien sie mir sehr gute Fachkenntnisse zu haben. In Erinnerung ist mir noch eine kleine, amüsante Begebenheit aus einer ihrer Unterrichtsstunden: Wir besprachen damals die Stilmerkmale von Bericht, Schilderung und Bildbeschreibung. Es waren ja alles Themen, die eigentlich in den Stoff der Klasse neun (heute) gehören, damals aber als aufbauende Wiederholung in die elfte (zu unserer Zeit siebte) Klasse hineingenommen wurden. Es ging hier um eine Bildbeschreibung. Die Lehrerin brachte das Bild eines Holzschnittes von Albrecht Dürer mit, auf dem eine Landschaft und ein Mädchen in der rechten Ecke abgebildet waren. Sie fragte einen Mitschüler, was er denn nun auf dem Bild alles sehe. Er meinte nach einigem Überlegen: „Ja, da sehe ich eine Landschaft und ein gut gewachsenes Mädchen, ja mit einer guten Figur." Die Frau Studienrätin wurde ganz rot, schaute auf den Boden und meinte etwas hilflos: „Ach Sie..." Dabei hatte er doch nur auf eine ganz natürliche Art das Bild beschrieben, freilich in seiner ungeschminkten Ausdrucksweise. Ein anderer Lehrer, der in seiner strengen, ja distanzierten Art und manchmal fast sadistischen Handlungsweise mir immer in Erinnerung bleibt, war ein Mathematiker. Mit einer Glatze und dem etwas starren Blick war er nicht gerade von sympathischem Äußeren. Gewiss hatte er gute Kenntnisse, aber seine pädagogischen Fähigkeiten und eine gewisse Geduld, ohne die man im Umgang mit Menschen, vor allem Jugendlichen, schlecht ankommt, waren verkümmert. Dazu neigte er noch zu Unbeherrschtheit, Jähzorn und Wutausbrüchen. Wir hatten diesen Lehrer schon in den unteren Klassen, also noch im Krieg; er wurde ja nicht zum Militärdienst eingezogen, vielleicht war er als Mathematiker unabkömmlich oder auch durch irgendeine Krankheit behindert. Einer seiner Wutausbrüche nahm einmal diese Formen an: Ein Schüler der 8. Klasse musste an der Tafel vorrechnen, machte aber einen Fehler, fand diesen aber nicht. Der Lehrer geriet darüber so in Wut, dass er den Kopf des Schülers wiederholt an der Stelle auf die Tafel stieß, wo er den Fehler gemacht hatte. Dazu schrie er: „Ja siehst Du denn nicht, wo der Fehler ist, so etwas Borniertes". Ein andermal gab er eine Klassenarbeit, die recht schlecht ausgefallen war, mit den Worten zurück: „So das freut mich, viele Fünfer und Sechser, das geschieht Euch recht." Diesen Lehrer hatten wir also nun wieder in den Abschlussklassen. Natürlich hatte er auch seine Freunde, so einen mathematisch begabten Jungen, der bei ihm sehr beliebt war. Mit ihm ging er fast unterwürfig um, zumal der Mitschüler ihm manchen Fehler nachweisen konnte. Die anderen aber mussten leiden. Ich selbst begegnete ihm mit einer unbewussten Angst und Misstrauen. Das hatte in einer Begebenheit der 7. Klasse seinen Grund: In einer Mathematikstunde wurde ein vor mir sitzender Schüler nach dem Ergebnis einer bestimmten Rechenoperation gefragt, die er nicht wusste, ich sagte es ihm leise vor, glaubte aber, dass andere Nebensitzer dies auch noch taten. Als der Lehrer fragte, wer da eingesagt habe, meldete ich mich nicht. Lange Zeit hielt ich das aus, aber er setzte mir immer mehr zu, auch andere Schüler verdächtigten mich, mir wurde ganz heiß und unheimlich, schließlich gab ich es zu. Auf die Frage, warum ich so lange geschwiegen hätte, sagte ich eben, dass ich annahm, dass noch andere eingesagt hätten. Seit dieser Zeit hatte ich einen Komplex vor diesem Lehrer, der mich damals mit Arrest bestrafte und meine Betragensnote im Zeugnis auf eine „Befriedigend" herunterstufte, was ich noch nie hatte. Ich fühlte mich bloßgestellt sowohl in der Klasse, bei den Lehrern, aber auch bei meinen Eltern, die eine solche Note bei mir als dramatisch empfanden. Seither war mir dieser Lehrer recht unangenehm, ich vermisste etwas Feinfühliges, menschlich wohltuendes, nachsichtiges Verhalten. Also diesen Lehrer hatten wir nun auch wieder nach Wiederanfang im Frühjahr 1946. In Englisch unterrichtete uns ein älterer Studienrat, ein sich distinguiert gebender Herr, der im Stabe des Admirals Canaris, des Chefs der deutschen militärischen Abwehr, gedient haben soll, so kursierten Gerüchte, und ein Bundesbruder des Vaters eines meiner Mitschüler war. Er war recht streng, sprach gutes Englisch und zählte bei den Diktaten auch die Kommafehler, was bei einem fremdsprachlichen Text eine gewisse Berechtigung haben mochte. Eines Tages gab er für das nächste Diktat vorher schon für uns wohl unbekannte Vokabeln an, damit das eigentliche Prüfungsdiktat dann schneller ablaufen konnte. Ich hatte jedoch ein Englischbuch meines Bruders und bemerkte, dass die angegebenen Wörter in der gleichen Reihenfolge bei einem Lesestück vorkamen. Ich glaubte fest, dass dies das nächste Prüfungsdiktat war. Dann bereitete ich den Text gründlich vor. Am Prüfungstag ging alles gut, ich machte schnell die Erfahrung, dass es genau der Text war, den ich vorbereitet hatte; damit es aber nicht bemerkt werden sollte, brachte ich noch einige belanglose Fehler unter, um nicht zu gut zu erscheinen. Ich hatte dann auch eine recht gute Note erhalten. Doch ein zweites Mal hat sich unser Englischlehrer nicht mehr auf diese Weise auf das Glatteis locken lassen und kein Stück aus meinem Buch ausgesucht. Er musste wohl von meinem Coup irgendwie Wind bekommen haben.

In Chemie unterrichtete uns – wie schon in der Kriegszeit, damals noch als Oberstudienrat – der jetzige Oberstudiendirektor, ein gläubiger Katholik, der in der Hitlerzeit uns Schüler merken ließ, dass er mit der Hitlerbewegung nichts anfangen konnte. Statt zu Beginn des Unterrichts mit gestrecktem Arm und „Heil Hitler" die Klasse zu begrüßen, machte er, wie schon erwähnt, eine halbkreisförmige Bewegung mit dem rechten Oberarm und murmelte dann den Gruß. Er war nie Parteimitglied, auch bei keiner NS-Gliederung und sah wohl das Ende der hybriden Hitlerbewegung recht früh voraus. Sein Unterrichtsstil zeichnete sich durch strenge Sachlichkeit aus, in den Unter- und Mittelklassen hat er oft durch drakonische Klassenstrafen für Ordnung gesorgt, so etwa das Abschreiben von fünf Seiten im Biologiebuch, was viel Zeit und auch viel Papier erforderte. Daher hat einmal der Schulrat und zugleich hoher Parteifunktionär, dessen Sohn ebenfalls in unserer Klasse war, sich beschwert, dass diese Art von Strafarbeit im Krieg eine enorme Rohstoffverschwendung sei. Dies führte zu einem heftigen Streit zwischen unserem Chemie- und damals auch Biologielehrer und dem Schulrat, was sich auch im Klassenzimmer durch Vorhaltungen des Lehrers an das Schulratkind noch auswirkte. Nun war dieser Lehrer also wieder unser Chemie- und

Biologielehrer, dazu noch der Schulleiter, da er ja zur braunen Zeit keine Beziehungen hatte. Sein Chemieunterricht erschöpfte sich nach dem Krieg im Diktieren des Unterrichtsstoffes, da es ja keine Bücher und auch keine Chemikalien zu Experimenten gab, ebenso war es in der Biologie ein recht trockener Stoffunterricht. Der Lehrer mochte mich ganz gut leiden, da ich selbst auch kein überzeugter Hitlerjunge war, und er dies wohl merkte. Er blieb immer Junggeselle und führte fast ein Einsiedlerleben, doch war er in dieser schweren Übergangs- und vorher in der Nazizeit eine geradlinige Persönlichkeit. In Deutsch und Geschichte unterrichtete uns ein Lehrer, der vorher an einer anderen Schule tätig war. Sein Deutschunterricht war recht gut, von wissenschaftlicher Fundierung in der Vorbereitung zeugend. Überhaupt war er sehr fleißig, was man an seinem Geschichtsunterricht, den er sehr engagiert vortrug, deutlich ablesen konnte. Dynamisch trug er seinen Stoff vor, eine Hinterfragung von historisch-politischen Entscheidungen konnten auch die Schüler vortragen, doch fehlte es hier bei uns oft am nötigen Hintergrundwissen, es mangelte bei den Schülern auch an gutem Lehrmaterial. Unser Lehrer war auf Grund intensiver Studien, er promovierte über die Zeit nach Bismarck, ein Experte des ausgehenden 19. Jahrhunderts. Die Zeitgeschichte kam nicht mehr im Unterricht vor, also die Weimarer Republik und die NS-Zeit, aber das lag nicht am Lehrer, wir hatten durch das kurz bevorstehende Abitur keine Zeit mehr dazu. Auch gab es über die NS-Zeit noch keine umfassende wissenschaftliche Literatur. Man musste auf spätere Zeiten hoffen. Unser Lateinlehrer war ein humanistisch gebildeter Vertreter des

Lehrerkollegiums, der auch die romanischen Sprachen Italienisch und Französisch fließend beherrschte. Dazu unterrichtete er noch in Deutsch und Geschichte. Er machte einen recht guten Eindruck und ging mit mir fast freundschaftlich um, doch hin und wieder schien es auch, dass er manch giftigen Pfeil im Köcher hatte und auch abschoss. Ich war ein recht guter Lateinschüler, wohl der beste der Jungen in der Klasse, vielleicht war er daher mir einigermaßen günstig gesonnen, es gab auch Mädchen, die noch bessere Sprachkenntnisse hatten. Ich ging dann noch in seine Französisch- und Griechisch-AG, letztere verließ ich aber nach einigen Monaten wieder, weil ich befürchtete, dass ich mir zuviel zumutete und wohl diese Sprache im Leben nicht gebrauchen konnte. Später, als ich mich dazu durchrang, Altphilologe zu werden, lernte ich diese Sprache umso begieriger allein, mir gefiel sie immer besser als Latein, es lag wohl daran, dass die griechische Geisteskultur mich mehr beeindruckte als die römische Macht- und Imperiumsidee. Die Gegensätze Macht und Humanität oder die Gefahren einer unkontrollierten Machtausübung haben die Griechen in ihren Dramen und philosophischen Schriften tief durchdacht und mit dem Begriff „Hybris" eine ethische Wendung gegeben, die in ihrer Darstellung in der griechischen Literatur mich immer wieder tief beeindruckte.

Unsere Klasse war eine Zusammensetzung von gebürtigen Nördlinger Schülerinnen und Schülern und von einigen Heimatvertriebenen und Absolventen des Öttinger Progymnasiums. Es gab in dieser Klasse eigentlich mehrere Gruppen von Schülern, so eine um einen Mathematiker und seinen Freund. Dann kamen auch die heimatvertriebenen Mädchen öfter zusammen, während ich einen Freund in der 8a, der Parallelklasse, hatte. Er war ein religiös veranlagter Mensch, mit fast pietistischem Eifer, aber ein ganz lieber Schüler. In unserer Klasse gab es keinen richtigen Zusammenhalt, der Klassenlehrer hatte gute pädagogische, aber auch philologische Interessen. Es ist zuerst einmal wichtig gewesen, das Schicksal jedes Schülers kennen zu lernen, und zwar im Gespräch in kleinen Gruppen, nach einer solchen riesigen nationalen Katastrophe. Man wusste zu wenig voneinander, die einen wurden von der Heimat vertrieben mit wohl furchtbaren Schicksalen, andere hatten als junge Menschen ebenfalls schreckliche Dinge erlebt. Ich selbst konnte mit größtem Glück aus russischer Gefangenschaft flüchten und mir widerfuhr dabei Unvergessliches. Wieder andere waren während des Krieges zu Hause und erlebten in Nördlingen das Ende der nationalen Katastrophe mit weniger Erfahrung der wirklichen Kriegsgefahren und Grausamkeiten. Also waren wir eine bunt zusammengewürfelte Schülerschar, den Lehrern aber machten wir vor allem Sorgen wegen unseres geringen Wissenstandes vor der bevorstehenden Abiturprüfung im Jahr 1948. So wurden wir mit viel Materialien – meist von den Lehrern hektographierten Blättern – versorgt oder wir schrieben im Unterricht alles mit, vor allem in Biologie und Chemie, wo uns der überaus penible und auf viel Lernstoff bedachte Schulleiter unterrichtete. In der Klasse waren einige recht liebenswerte Mädchen, eine saß vor mir mit ihrer gescheiten Nachbarin. Letztere war recht musikalisch und spielte ganz überragend auf der Geige.

Die schönste Mitschülerin war jedoch ein schlankes, brünettes Mädchen, die von mehreren Mitschülern hoch verehrt wurde. Ich war von ihr nicht so begeistert, weil ich zu schüchtern war und mich damals noch mehr mit Schulthemen beschäftigte.

So ging die Zeit mit Riesenschritten auf das Abitur zu, das wir dann im September 1948 in vielen Fächern schriftlich und mündlich ablegten. In Deutsch hatten wir einen Besinnungsaufsatz zu bearbeiten mit dem Thema: „Die Jahrhunderte der Geschichte selbst sind es, die dem, der auf ihre Stimme zu lauschen weiß, die Losung zurufen: „Wir heißen euch hoffen" (Johannes Haller). Es war also ein Thema, ganz bezogen auf unser Nachkriegsschicksal als Volk, aber auch auf das Einzelschicksal, es war von unserem Geschichts- und Deutschlehrer ausgewählt worden, ein politisch-historisch hochinteressierter Lehrer, wie schon erwähnt, der wie viele echte Patrioten an unserem nationalen Schicksal litt. Ich bemühte mich gewiss um das Thema, so wie es im Abiturzeugnis dann hieß, konnte aber nur die Note gut erreichen. Auch in den meisten anderen Fächern wusste ich meine ordentlichen Anmeldenoten zu verteidigen, bis auf die Prüfung in Physik, wo ich eine ausreichend bekam. Der Durchschnitt meines Abizeugnisses betrug dann 1,8, worauf ich ganz stolz war. Doch man durfte es bei den Anforderungen an den Universitäten damals nicht überbewerten. Ich hatte an der Schule auch einige Arbeitsgemeinschaften besucht, wie Französisch und Griechisch. Betrachte ich nun abschließend meine Schul- und Jugendzeit, besonders die Zeit in der Oberschule oder im Gymnasium vor allem in der NS-Zeit, so ergeben sich ganz wesentliche Grundlinien der damaligen Schulzeit: Es war eine äußerst gegensätzliche Wert- und Wissensvermittlung der Schulen und der Hitlerjugend für die ihr anvertrauten jungen Menschen. Man stand zuerst einmal im Banne einer Parallelerziehung von Schule und Hitler-Jugend. Die Hitler-Jugend beschränkte sich ja nicht nur auf Zusammenkünfte (jeden Mittwoch- und Freitagnachmittag), Sammeln von Rohstoffen während des Krieges oder Spendengängen für Kriegsgräber und Winterhilfswerk, sondern es wurden immer verstärkt Heimnachmittage abgehalten mit viel weltanschaulichen Inhalten, politischen Theorien im Sinne der Hitler-Bewegung und Unterrichtung in Rassefragen. Man polemisierte auch oft gegen die intellektuelle Überforderung in der Schule, ja forderte sogar von Seiten einzelner HJ-Führer direkt zum Boykott schulischer Lernanforderungen auf, wie ich es schon dargelegt habe. Dazu war man ja immer mit den Volksschülern und den im Beruf stehenden Jugendlichen in der HJ in Kontakt – Ziel war die Volksgemeinschaft zu wahren. Diese Gemeinsamkeit der Schüler der Volksschulen und Gymnasien hatte auch zu Folge, dass praktische, berufliche Fähigkeiten auch bei uns Gymnasiasten Anerkennung fanden und auch Zweifel an der mehr theoretischen gymnasialen Ausbildung aufkamen. Man blieb so auch trotz des gegliederten Schulsystems doch noch miteinander verbunden. In der Oberschule, so hießen damals alle deutschen Gymnasien, war alles noch recht theoretisch und auch weltanschaulich ausgerichtet. Die erste Fremdsprache war Englisch, die zweite ab Klasse 3, also heute Klasse 7, Latein. Eine weitere Fremdsprache lernte man nicht, dafür gab es viel naturwissenschaftlichen Unterricht, besonders Chemie und Physik. Es herrschte allmählich, natürlich nach 1939, besonders ein Mangel an Lehrkräften, da viele junge Lehrer zum Kriegsdienst eingezogen wurden und sprachliche Arbeitsgemeinschaften nicht mehr gebildet werden konnten. So war es damals nicht möglich, eine andere Sprache neben den obligaten zu lernen und auch für andere Fächer mangelte es bald an Lehrkräften (Sport, Musik). Unter den Studienräten gab es, wie an allen Schulen, einige ganz besonders dem NS-Regime hörige Vertreter. Einer war der Obmann des VDA (Volksbund für das Deutschtum im Ausland), vielleicht waren auch ein wenig Karriereabsichten dabei. Ein anderer Lehrer, der häufiger Vorträge über die nationalsozialistische Weltanschauung hielt, war ein Mathematiker. Er hatte eine Beinprothese – wohl eine Kriegsverletzung aus dem 1. Weltkrieg -, wir nannten ihn pietätlos „Hupfer". Er erzählte oft von den germanischen Göttergeschichten, von der Frya, dem Wotan und Donar usw. Er wollte wohl uns Schüler vom Christentum abbringen und zum Germanentum und diesem heidnischen Glauben hinführen. Manche Physikstunde wurde so verkürzt, besonders mit einem Pfarrerssohn hatte er sich immer wieder unterhalten, er kam ihm wohl besonders resistent für die germanischen Glaubensansichten vor. Doch war er sonst ein angenehmer Lehrer, nicht besonders streng, von einer kommunikativen Art und mir gegenüber freundlich und hilfsbereit. Vielleicht kam es daher, dass er meinen Vater von der Partei her kannte und mich deshalb etwas förderte. Ich schnitt in seinen Arbeiten auch immer ganz gut ab und hatte gute Zeugnisnoten in seinen Fächern, anders als bei dem von mir schon geschilderten Studienrat. So war es immer, wenn ich ein menschlich gutes Verhältnis zu einem Lehrer hatte, dann sahen auch die Leistungen recht ordentlich aus. Bei unserem ersten Lateinlehrer, einem strengen Pädagogen, war es anders. Er hatte ein recht forsches Auftreten, bei ihm war es im Unterricht mucksmäuschenstill, und er ging gegen langsame und faule Schüler recht streng vor. Wenn einer die Deklinationsreihe nicht wusste, so gab er gleich viele weitere Beispiele auf: So rief er: „Dekliniere, im Singular und Plural: res, acies, fides, meridies und series und konjugiere Praes. Ind. Singular und Plural: laudare, amare, turbare, finire, custodire" usw. Am Schluss hatte der Schüler ganze Listen von Deklinations- und Konjugationsübungen zu bewältigen, also eine riesige, ermüdende und wenig begeisternde Arbeit. Man hatte vor diesem Lehrer mehr Angst als Respekt, mich konnte er nicht besonders leiden, weil ich auch bei seinem Freund, dem Mathematiklehrer, nicht beliebt war wegen der schon geschilderten Geschichte beim Einsagen, wo ich als Schüler keine gute Figur nach Meinung mancher Lehrer machte. Jedenfalls der Lateinlehrer war in meinen Augen ein kalter, humorloser Pauker, bei dem man jedoch sichere Formenkenntnisse vermittelt bekam. Als er zum Kriegsdienst einberufen wurde, unterrichtete uns ein älterer Lehrer in Latein, wohl schon an der Pensionsgrenze, wahrscheinlich durch den Mangel an Studienräten eine letzte Stütze des Lehrkörpers. In vielen Fächern wurden jetzt solche Lehrer verstärkt eingesetzt, entweder reaktiviert oder mit neuen Aufgaben betraut. Der ältere Professor trat recht seriös auf, meist hatte er einen altmodisch wirkenden Stehkragen, so konnte er nur den Blick in die Waagrechte lenken, nach unten ging es nicht so leicht, fast symptomatisch für einen Geistesaristokraten. Er betreute uns bei der ersten Lateinlektüre, Caesars „De bello Gallico", wobei er vor allem Satzkonstruktionen und Perioden recht gut erklärte. Die Tendenz und die Gedankenführung des Autors in einfacher Weise für diese Altersstufe, für 15-jährige Schüler, wollte er uns nicht interpretieren. Aber philologische Grundlagen einer ersten Lektüre hat er uns vermittelt. Gleich bei den ersten Arbeiten erhielt ich recht gute Noten, meist eine eins oder zwei, ich war der beste Lateiner, meine Arbeit wurde meist als erste bei den Besprechungen ausgeteilt; der Lehrer hatte sie alle nach Noten sortiert, zuerst die besten, dann abgestuft bis hin zu den schlechtesten, fast ein grausamer Akt, was ein Warten und Zittern auf die Arbeit und damit die Note zur Folge hatte. Dieser Lehrer machte auf mich auch sonst einen recht distinguierten Eindruck: Neben seinem etwas steifen Auftreten – wie schon erwähnt – sah ich ihn oft in der Pause mit einem Apfel in der Hand, den er recht genau schälte, wobei er ein etwas abgegriffenes Taschenmesser geschickt über die Oberfläche des Apfels führte. Die Schalen sammelte er mit der anderen Hand und warf sie in den nahen Papierkorb, wohin er seine langen Beine recht schnell in Bewegung setzte, doch immer mit Würde und einem kontrollierenden Blick auf die herumtobenden Schüler. Dann reinigte er bedächtig sein Taschenmesser und ging zufrieden seines Weges ins Lehrerzimmer. Neben seiner schulischen Arbeit hat er auch einmal im Archiv über das Nördlinger Schulwesen geforscht – seine Frau war aus einer bekannten Nördlinger

Familie. Allerdings reichten die Ergebnisse dieser Forschung nur bis ins 15. Jahrhundert. Aber dennoch gibt diese Arbeit einen guten Überblick nicht nur über die frühe Nördlinger Schulgeschichte, sonder auch ganz allgemein über die Entstehung des Schulwesens in den Reichstädten.

Der Englischlehrer hatte es in unserer Klasse sehr leicht, es war ja schon Kriegszeit, und er selbst fungierte als Leiter eines öffentlichen Amtes, der Luftschutzbehörde. Sein selbstloser Einsatz nötigte uns großen Respekt ab, meist war er ganz blass und abgemagert, wobei sein Spitzbart und die strengen Blicke ihm ein angsteinflößendes Aussehen gaben. Mich schätzte er wohl nicht so sehr, weil ich im Sommer durch meinen Aufenthalt im Nördlinger Freibad oft braungebrannt und ausgeruht im Unterricht saß. Meine Noten waren auch meist recht mäßig, so dass mein Vater einmal in seine Sprechstunde ging und ihm auch davon berichtete, wie ich auch schlaflose Nächte hätte – wohl in der Pubertät. Danach – so meinte ich – ging er mit mir etwas behutsamer um, nicht so streng national-konservativ moralisch. Eines Tages wurden wir alle von seinem plötzlichen Hinscheiden überrascht, er hatte sich in seiner überaus gewissenhaften Art wohl zuviel zugemutet. An manchen Tagen – so berichteten Eingeweihte – nahm er wegen vieler Arbeit und Verpflichtungen keine Mahlzeit zu Mittag ein. All dies machte ihn zu einem abgemagerten Männlein von kleiner Statur und fahler Hautfarbe. Er hat sein Amt als Lehrer und Amtsträger immer sehr ernst genommen.

Von ganz anderem Wesen war unser Erdkundelehrer. Keineswegs stand er dem Nationalsozialismus nahe, als gläubiger Katholik marschierte er lieber in der Fronleichnamsprozession mit als bei einem Aufmarsch von Parteiorganisationen. Er wirkte in seiner bedächtigen Art verbunden mit einer geläuterten Lebensphilosophie gegenüber den Aktivitäten der Partei wohl als ein Fremdkörper im Lehrerkollegium, obwohl er, eher opportunistisch, doch wenige Jahre vor Kriegsende, auch noch der Partei beitrat. Einen recht aggressiven HJ-Pimpfen, der ihn oft spöttisch ansprach, stellte er einmal vor der ganzen Klasse bloß, indem er meinte, dass sein Name von „falsch" komme. Mich hatte er auch einmal diskriminierend behandelt, als er unter eine Schulaufgabe, die mit Note „mangelhaft" bewertet wurde, schrieb, dass ich sehr faul sei, was er auch meinem Vater mitteilte. Mein Vater kannte ihn wegen der früheren Teilnahme an einem Stenographiekurs und schrieb daher auch einen Brief an seinen ehemaligen Lehrer, in dem er darauf hinwies, dass ich, also sein Sohn, wegen schlechten Schlafens in ärztlicher Behandlung sei, was ja auch dem Englischlehrer, wie schon erwähnt, mitgeteilt wurde. Daher sei ich wohl nicht faul, ich nehme die Schule schon sehr wichtig. Als der Professor diesen Brief las, meinte er zu meinem Bruder, den er auch unterrichtete, dass seine Bemerkung über mich „als fauler Schüler" meinen Vater wohl sehr getroffen habe. Seit diesem Vorgang ging er mit mir vorsichtiger um, und ich wurde auch allmählich sein bester Schüler. Bei diesem Lehrer musste man sich in der Geographie seine speziellen Ausdrücke merken. So fragte er auch einmal, wie die Einwohner Brasiliens die Mündung des Amazonas nennen und dann antwortete ich „pororocco", das heißt nämlich Felsengedonner. Gleich bekam ich eine „Eins" in sein Notenbuch eingetragen, was mich natürlich noch mehr anspornte. Ich merkte immer wieder, dass Lob und gute Noten mich anspornten, Tadel drückte mich eher nieder. Manche Schüler, freilich die wenigsten, suchen einen Tadel durch verbissenes Arbeiten auszugleichen, bei mir wirkte mehr ein lobendes Wort. In der Mathematik unterrichtete uns später ein Stud. Prof., der allgemein an der Schule einen Spitznamen hatte, ein etwas rundlicher, kleiner Herr, der seinen Sprachfehler nie ganz unterdrücken konnte. Die Disziplin in der Klasse war nicht immer aufrechtzuerhalten, sein Nuscheln wirkte oft provozierend auf die Schüler. Als ein Mitschüler einmal von ihm verdächtigt wurde, eine freche Bemerkung gemacht zu haben, da wollte ihm der Lehrer eine Ohrfeige geben. Doch der Schüler stand ganz energisch auf und schaute dem Lehrer drohend in das fast ängstliche Gesicht und schrie: „Wenn sie mir eine Ohrfeige geben, sage ich es meinem Vater und der kommt dann zu Ihnen!!" Der Professor schaute dann zu dem geöffneten Fenster des Klassenzimmers hinaus nach unten, dorthin, wo die damalige Nördlinger Polizeiwache im Rathaus war und rief erregt in die Klasse hinein: „Wenn du nicht still bist, hole ich die Polizei!!" Da mussten wir natürlich alle lachen, und es entstand im Schulzimmer ein kleiner Tumult. Es waren oft belustigende Schulszenen während dieses Mathematikunterrichts. Doch an Weihnachten zeigten wir uns als recht brave Schüler und baten dann unsern Mathematiklehrer etwas von seinen Kriegserlebnissen zu erzählen, da es an der Schule bekannt war, dass er es sich

nicht verwehren konnte, von seinen Erlebnissen als Weltkriegs-
soldat zu erzählen. Die Geschichten waren ja längst an der Schule
bekannt und wurden recht scheinheilig von den Schülern be-
klatscht. So auch die folgende, immer wieder dargebotene Kriegs-
episode: „Als ich aus der französischen Kriegsgefangenschaft
geflohen bin" – so erzählte er – „kam ich mit meinen Kameraden
in einen dunklen Wald und hier versteckten wir uns. Doch plötzlich hörten wir Geräusche und dann fielen Schüsse. Es waren Jä-
ger in der Nähe, und die hielten uns für Wildschweine, aber sie
trafen uns nicht, wir konnten schnell fliehen." Die Klasse amü-
sierte sich an dieser Geschichte und lachte lauthals und übertrie-
ben, so dass der Lehrer uns ganz verzweifelt zu beschwichtigen
suchte. Wir taten aber so, als ob wir ganz von seiner Geschichte
gefangen genommen wären. Er war ein älterer, gutgläubiger
Mensch, der von seinem Fach wohl etwas verstand, aber pädago-
gisch nicht sehr versiert war. Andere Lehrer wieder zeigten sich
recht autoritär. Solche Züge nahm ich auch bei unserem Geschichtslehrer wahr. Er hatte auch ein Parteiamt inne und war als
solcher zuständig für das Kulturleben der Stadt. Er machte dabei,
weil er abends mit den Künstlern ausgehen musste, in der Schule
oft einen müden Eindruck. In Geschichte, das er neben Englisch
an unserer Klasse auch unterrichtete, fiel mir immer auf, dass er
bei Beginn des Unterrichts einfach wie zur eigenen Orientierung
an die Klasse immer die Frage nach dem zuletzt behandelten Stoff
stellte. Bei der Behandlung eines neuen Lernstoffes mussten wir
alle die Bücher aufschlagen und dann las ein Schüler jeweils einen Abschnitt aus dem Buch vor. Der Lehrer fragte dann, was nun

in dem gelesenen Abschnitt kurz zusammengefasst darin stand. Ein Schüler, der dies gut zusammengekürzt beantworten konnte, meldete sich und so ging es zum nächsten Abschnitt, bis wir ein ansehnliches Kapitel so „durchgenommen" hatten. So kamen wir in Geschichte recht zügig voran. Auch in Englisch unterrichtete uns dieser Lehrer in der achten Klasse. Dabei zeigte er auch hier einige seltsame Angewohnheiten. Bei einem englischen Diktat stellte er sich ganz stramm vor die Klasse und hob seine zwei Zeigefinger in die Luft und rief ganz markant: „Pay attention", „Look at me" und dann sprach er seine Diktatsätze, z. B.: „As soon as the royals heard this event...", nun kam der Ausruf des Lehrers: „Write down!", wobei er seine in die Höhe ragenden Zeigefinger nach unten richtete. So ging es weiter, bis das Diktat zu Ende war. Schüler, die er nicht besonders mochte, blamierte er ganz ungeniert vor der ganzen Klasse. So gab es einen Jungen, der etwas langsam wirkte, auch etliche Male vor dem Lehrer seine Angst nicht verbergen konnte und dann fast linkisch wirkte und sich versprach. Diesen rief er mit einer provozierenden Verspottung seines Namens auf, sodass der arme Schüler mit einem Angstschweiß im Gesicht unsicher wurde und die an ihn gerichtete Frage kaum richtig verstanden hatte. Natürlich macht jeder Pädagoge mal einen Fehler oder vergreift sich in der Methode, so muss man auch bei diesem Lehrer seinen Missgriff etwas nachsichtig verstehen. In einer Englischstunde gab es einmal eine recht lustige Einlage: Es ging um verschiedene deutsche Wörter für die Übersetzung ins Englische und der Lehrer fragte in die Klasse hinein nach bestimmten Vokabeln: „Was heißt der Mantel?" Einer unserer Mitschüler, ein liebenswerter, immer gleich gut aufgelegter Junge, meinte zum Lehrer: „mäntel". Der Lehrer blickte verduzt zu dem Schüler, der auf die weitere Frage, was denn dann „Hut" auf Englisch hieße, ganz selbstverständlich „hat" antwortete. Da meinte unser Studienrat sichtlich verärgert: „Ja, das ist das neueste Englisch, da braucht man nur das Deutsche etwas dreckfarbig aussprechen und schon haben wir ganz schnell das reinste Englisch!" Unser Mitschüler schaute natürlich etwas blasiert und sichtlich gedemütigt vor sich hin, wahrscheinlich hatte er an seinen Bannführer in der Hitler-Jugend gedacht, der unlängst bei einem Heimnachmittag, es war Ende Juni 1940, als der Frankreichfeldzug zu Ende war und man die Invasion Englands erwartete – gesagt hatte, dass die Schüler nicht mehr so viel Englisch lernen müssten, „da wir nun bald in England landen und dann müssen die Engländer alle Deutsch lernen. Als ich dies viel später einmal einer Engländerin erzählte, da meinte sie nur: „but there was the sea between", also das damalige Unvermögen der Deutschen die Lufthoheit über England zu gewinnen und die englische home-fleet auszuschalten war das Hindernis. Man erwartete ja fast täglich, dass eine Sondermeldung über die Lautsprecher von der Invasion in England berichtet. Doch die Monate vergingen nach der Niederlage Frankreichs und nichts geschah, nur von Bombardements und Luftschlachten über der Insel wurde man enthusiastisch informiert.

Der Krieg beherrschte ja immer mehr das Denken und Fühlen der jungen Menschen, der Mädchen und Jungen in den Schulen.

Mein Nebensitzer und ich lieferten uns täglich Panzergefechte in der Schulbank. Wir steckten einen Bleistift zwischen unsere geballten Fäuste, die waren die Kanonen der Panzer, und schoben unsere Fäuste gegeneinander, wie wenn zwei Panzer aufeinander losfahren; dabei fauchten wir noch so, als wenn Panzersalven abgeschossen würden. Natürlich machten wir das nur in den Pausen, bevor der Unterricht begann. Aber auch daheim, fernab vom Schulgeschehen, herrschte Partei- und Soldatenspiel vor: Parteileute, SA- und SS-Männer konnte man auf großen Papierrollen zu Hunderten kaufen, sie wurden dann auf Sperrholzplatten aufgeklebt und mit der Laubsäge ausgeschnitten. Ebenso verfuhr man mit den Wehrmachtssoldaten, sodass man als Junge mit ganzen Kolonnen von Uniformierten Aufmärsche und Kriegsereignisse simulieren konnte. Das Spielzeug für die Kinder war damals fast nur Kriegsspielzeug, zu Weihnachten im Jahr 1940 wünschte ich mir einen Panzer mit einem großen Geschützturm, der beim Fahren mittels Feuersteinen, am Geschützrohr unten angebracht, auch funkensprühendes Granatschießen andeutete. Natürlich wurden den Kindern auch allerlei Bücher zu den Festtagen gekauft, aber nicht Kriegsgeschichten allein, sondern Geschichten von Bergabenteuern oder Zukunftsromane. Oft bat ich meine Mutter um zehn Pfennig oder mehr, um am Nördlinger Bahnhofskiosk Abenteuerheftchen wie Jörn Farraow oder Rolf Torring zu kaufen, die ich dann lesehungrig verschlang. Daneben hatte man als 12- oder Dreizehnjähriger immer noch Zeit, mit gleichaltrigen Freunden neben der Hitlerjugend und der Schule interessante Spiele zu inszenieren. So erinnere ich mich an Zusammenkünfte mit meinen Freunden Günter, der in der Krone am Weinmarkt wohnte, und an meinen Kameraden Erwin, der in einem alten, ehrwürdigen Haus am Stenglesbrunnen sein Elternhaus hatte. Wir bildeten eine sogenannte „Regierung", der Günter war der Kriegsminister, der Erwin der Polizeiminister und ich der Außenminister. Wir fuhren mit unseren Fahrrädern in der Stadt herum und warben um Freunde, ich jedenfalls als der Außenminister musste mich immer wieder um Anhänger kümmern, der Kriegsminister sollte unsere Feinde abwehren und der Polizeiminister kümmerte sich um unsere Sicherheit und machte Grundsätze über unsere Zusammenkünfte bekannt. Wir hatten alle Fahrräder und kamen so in der ganzen Stadt herum. Ich versuchte als Außenminister etwas aufdringlich für unseren Bund zu werben, doch es war nur kindliche Wichtigtuerei. Diesen Abstand unserer kindlichen Spielerei zu ernsthafteren jugendlichen Beschäftigungen konnte ich an den Tätigkeiten meines älteren Bruders Fritz mit seinen Freunden feststellen, wie er überhaupt in manchen Dingen, jedoch nicht in allem, ein mutiger Anreger war. Ich selbst war mehr von einer bedächtigen-nachdenklichen Wesensart, mehr der Theorie als der zupackenden praktischen Lebensweise zugeneigt und besonders von keinem sportlichen Ehrgeiz erfüllt. Dies spürte ich besonders im Umgang meines Bruders mit seinen Freunden, da war einmal der Albert, ein Münchner Gymnasiast, dessen Großvater in Nördlingen wohnte und aus einer angesehenen Apothekerfamilie stammte. Dazu war der Großvater noch ein bekannter Insektenforscher, sein Onkel ein berühmter Archäologe und Botaniker. Dieser Albert verbrachte seine Ferien meist bei seinem Großvater und einem anderen Onkel in Nördlingen, wo er als Nachbarskind meinen Bruder kennen gelernt hatte. Denn der Großvater wohnte einmal neben uns. Dieser Albert war ein recht unternehmungslustiger, nicht alles mit viel Bedenken anpackender Münchner Schüler. So ging er mit den Schmetterlingsnetzen seines Großvaters zum Einfangen seltener Schmetterlinge, die dann zusammen – nach der Tötung mit Äther im Glas – auf den Präparierbrettern aufgespannt wurden. Nach einer geraumen Zeit hat man sie dann im Schmetterlingskasten mittels Stecknadeln, die an den Flügeln und am Körper angebracht wurden, aufbewahrt und mit einem Fundvermerk und Art des Falters versehen. Diese Fangaktionen von Schmetterlingen beschäftigten die beiden so manchen sonnigen Ferientag, wobei ich allzu oft hinter ihnen hersprang; auch mein damaliger Freund begleitete die Bubenschar. Das Wander- und Fanggebiet war die Marienhöhe, der Stoffelsberg und der Adlersberg in Nördlingen. Im Mai und Juni bis Ende der Sommerzeit duftete es nach den Blüten der schönsten Sträucher, wie falschem Jasmin oder den Heckenrosen. Auf den Rasenanlagen blühten überall die roten Wiesenflockenblumen, der Weißklee mit den gestielten Blüten oder die verschiedenen Arten von Glockenblumen. Es war oft ein traumhaftes Erlebnis, den Zitronenfaltern, den Pfauenaugen und Baumfaltern in diesem sommerlichen Blütenmeer nachzuschauen und sie auch einzufangen. Doch der Albert kam auch zu Spiel und Unterhaltung in unser Gartenhaus am Bergergraben, einmal brachte er seine Badehose mit, weil er seinem Großvater gesagt hatte, dass er mit Fritz, also meinem Bruder, zum Baden in das Nördlinger Freibad an der Eger gehe.

Aber das war nur eine Ausrede, in Wirklichkeit traf er sich mit meinem Bruder, meinen Schwestern und der hübschen Melitta in unserem Gartenhaus zu Unterhaltung und Schmuserei. Die Melitta, eine Freundin und Schulkameradin meiner Schwester Gerda, wohnte in der Nachbarschaft und kam öfters zu uns. Sie war ein blondes Mädchen, mit blauen Augen und einer kleinen Stupsnase, doch einem recht hübschen Gesicht und von schlankem Wuchs. Der Albert flirtete mit ihr, küsste sie und war in der lustigen Runde recht vergnügt. Als es ans Heimgehen ging, bat er meinen Bruder darum, dass er seine Badehose in unsere Regentonne tauchen dürfe, damit er seinem Großvater einen glaubhaften Beweis für seinen Badeaufenthalt liefern könne.

So vergingen die Ferientage oft recht schnell, da auch wir Geschwister unseres Bruders Fritz in die hektischen Unternehmungen des kecken Münchner Gymnasiasten eingebunden wurden. Im nächsten Jahr, es war 1939, gab es eine Überraschung bei dem gewohnten Ferienbesuch von Albert, er brachte seinen Freund, den Wolfgang Unzicker, mit, dessen Mutter eine Nördlingerin war. Was uns allen gleich auffiel, das war eine Anstecknadel an seinem Trachtensakko, auf der in roter Schrift auf weißen Hintergrund der Schriftzug stand: „Großdeutscher Jugendschachmeister". Wir waren ja alle, mein Bruder Fritz, mein Freund Wolfgang und ich selbst begeisterte Schachspieler. So bestaunten wir den Schachmeister ganz ehrfürchtig, er war übrigens fast wortkarg, man hatte den Eindruck, dass er bei jedem Wort zuvor sich genau überlegte, war er sagen wollte. So wirkte er recht beschei-

den und zurückhaltend. Sein Vater war ein Münchner Gymnasial-
lehrer, die Mutter entstammte der Nördlinger Kaufmannsfamilie
Reichl, die an der Ecke Weinmarkt/Polizeigasse ein kleines Kolo-
nialwarengeschäft betrieb. Dort wohnte auch der junge Wolfgang
bei seiner Tante während der Ferienzeit in Nördlingen. Ganz er-
picht wollten wir natürlich mit dem bekannten Schachspieler, der
später deutscher Schachmeister und ein international bekannter
Meister wurde, einmal unsere Kräfte messen. So wurden an einem heißen Sommernachmittag, als Albert und Wolfgang zu Besuch kamen, in unserem Garten zwischen den Kieswegen Stühle
und Tische mit dem Schachbrett aufgestellt, der Unzicker Wolfgang nahm sich alle Turnierwilligen gleich vor. Wir wurden natürlich alle schnell matt gesetzt, wobei auffiel, dass der Meister
ziemlich schnell und bestimmt seine Züge machte und manchmal
auch ein Figurenopfer brachte, das dann aber zum schnellen Matt
des Gegners führte. Es war schon beeindruckend, wie der Wolfgang ganz zielsicher und bestimmt die Figuren setzte. Als er mich
ein andermal bei einem Spiel mit meinem Schulkameraden sah,
meinte er, er möchte auch mal mit mir spielen. Wahrscheinlich
hatten ihm meine Züge gefallen, und ich fühlte mich ganz geehrt.
Doch auch dieses Spiel – soweit die Erinnerung reicht – ging für
mich ziemlich schnell verloren. Wir hätten gerne simultan gespielt, doch so viele Schachbretter hatten wir nicht. Es war immer
ein besonderer Tag, wenn der Wolfgang bei uns auftauchte, meist
spielte er jedoch nicht Schach, sondern wanderte mit seinen
Freunden zur Marienhöhe oder den Adlersberg in Richtung Albuch. Erst als der Krieg auch die Jahrgänge 1925 zum Wehrdienst

rief, wurden die fröhlichen Wanderungen seltener, schließlich kamen die beiden Münchner Gymnasiasten nicht mehr zu ihren Nördlinger Verwandten, mein Bruder hatte nun auch einen anderen Freundeskreis. Er war nun in der Hitler-Jugend, also den 14-18 Jährigen (im Gegensatz zum Jungvolk, den 10-14 Jährigen). Dort gab es einen sogenannten Streifendienst, eine Art Jugendpolizei der Hitler-Jugend, die zum Beispiel abends die Kinos kontrollierten, ob Jugendliche in Erwachsenenfilmen waren oder Gaststätten allein besuchten usw. In diesem Streifendienst waren vor allem ganz zuverlässige Hitlerjungen und mein Bruder wurde durch seinen neuen Freund, den Hilmar, der in der Bergerstraße wohnte und dessen Vater als SS-Standartenführer, also im Range eines Oberst, bereits im Krieg gefallen war, jetzt immer enger an die NS-Ideologie gebunden. Er spürte jetzt allen Menschen nach, zumindest in seinem Denken, die nicht ganz treu zu dem Hitlerismus standen. Dennoch hatte er auch Freunde, die sich nicht so eng an die HJ gebunden fühlten, wie den Heinrich oder den Armin. Es war sicher auch so etwas wie eine nationale Begeisterungswelle und jugendliche Schwärmerei bei ihm für die vordergründige deutsche Erfolgsserie der ersten Kriegsjahre. Ich stand dazu schon meinem Wesen nach in einer Distanz zu diesem Zeitgeist. Mein Bruder war dazu noch vor mir ein Hitlerjugendführer geworden, der sich für seine Überzeugungen vehement einsetzte, dabei aber doch in der Familie nicht so eindeutig hervortrat. Er war wohl weniger durch einzelne Ideen und tiefere Studien des Nationalsozialismus zu dieser Weltanschauung gekommen als vielmehr durch das Kennenlernen einer Gemeinschaft und des

Zusammenhalts von gleichaltrigen Jugendlichen, die sich gegenseitig halfen und sportlich fit hielten. Körperliche Fitness galt ja weithin in der Hitlerjugend mehr als intellektuelle Analyse und Ehrlichkeit in der Diskussion. Fanatische Überzeugungen imponierten bei vielen Jugendlichen, eine Meinung, d.h. eine nationale zu haben, das war damals das Merkmal eines rechten jungen Mannes. Bei mir war das etwas anderes: Ich war mehr ein nachdenklicher, vielleicht auch ängstlicher Junge, der bei dem Einsatz in der Schule an der Löschspritze, die bei Luftangriffen und den Beschädigungen unserer Schule in Aktion treten sollte, schon bei den nächtlichen Fliegeralarmen recht merkwürdige Gedanken hatte. Ich sagte mir oft, warum soll ich mein Leben lassen für eine falsche Politik, besonders auch Außenpolitik, wo wir gegen zwei Weltmächte standen, mit großen Territorien und Wirtschaftskräften. Außerdem dachte ich daran, wie nach den Kriegen immer wieder eine Versöhnung der Staaten und Völker zustande kam und dann fragt man sich, was hat es für einen Sinn sich für etwas zu opfern, das später doch durch Versöhnung der Regierungen oder Verhandlungen eine Korrektur erfährt. Freilich ließ ich dabei unberücksichtigt ein nationales Begeisterungsgefühl, das mit großem Opfer für ein Volk viel erreichen kann oder ich vergaß das Bismarck-Wort von „Eisen und Blut", das einem Volk ein großes Gebiet sichern kann. Aber kann man nicht warten, bis eine günstigere Zeit auch für ein Volk eine leichtere Lösung seiner Probleme bietet und muss Größe und Macht der höchste Wert eines Volkes sein? Solche Gedanken – freilich für einen 14- oder 15-Jährigen noch nicht konsequent durchdacht – bewegten mich damals, immer natürlich beeinflusst von den Hiobsbotschaften von den Kriegsfronten 1942, 43 und 44, wie etwa der Stalingradkatastrophe oder dem Rückzug in Russland oder der Niederlage in Afrika oder die gelungene Invasion und der nun beginnende 2- und dann 3-Frontenkrieg, den Hitler ja selbst in seinem Buch „Mein Kampf" als großes Verhängnis im Ersten Weltkrieg darstellte. Dies hatte ich damals noch in guter Erinnerung, ich hatte dieses Buch ja schon als Hitlerjunge gelesen, aber auch verstanden? In dieser Zeit fiel mir noch etwas anderes in der Hitler-Bewegung auf. Während die meisten NS-Führer zum Teil noch aus der Mittelschicht kamen und meist keine höhere Bildung hatten, waren die Hitlerjugendführer nahezu alle Gymnasiasten und Studenten. In unserer Stadt gab es einen Ortsgruppenleiter, der ein Eisenwarengeschäft führte, ein anderer NS-Funktionär hatte ein Geschäft für Brennmaterialien, die Blockleiter und Zellenleiter waren auch oft nur von geringem politischen oder historischen Wissenstand und auch von geringer Allgemeinbildung. Nur den Kreisleiter, er soll ein ehemaliger Pfarrer gewesen sein, musste man zur höheren Bildungsschicht rechnen. Wenn der Kaufmann, ich erwähnte es schon, in seiner Uniform als Ortsgruppenleiter auftrat und eine Rede hielt, dann zog er aus seinem Rockaufschlag immer ein Redemanuskript hervor, das er dann vorlas. Darüber mokierten sich die Hitlerjungen mit ihrer Gymnasialbildung, mussten sie doch in der Schule die Fähigkeit erlernen, einen Vortrag möglichst frei, also ohne ein Manuskript, höchstens mit Stichworten zu halten. Hier sah man schon einen Generationswechsel in der Führerschaft der Nazis herannahen, der sicher bei einer längeren Dauer der Naziherrschaft zu einer wahrscheinlich inneren Wandlung dieser Bewegung und ihrer Ziele geführt hätte, vielleicht auch zu stärkerem Radikalismus. Mehr Differenzierung, mehr Zweifel, aber auch ein Mehr an Kritikmöglichkeit hätten sich wohl später auch eingeschlichen. Allzu einfache und etwas ungeübte Redner wurden damals schon von den Hitlerjungen belächelt. Nochmals zur Vertiefung: Gut kam der Kreisleiter an, der mit einer feinen Nickelbrille und seinem gewandten Auftreten bei den Hitleranhängern einen guten Eindruck hinterließ. Ich kann mich noch - es wurde schon erwähnt - an eine kleine Begebenheit in Reimlingen, einem Nördlingen benachbarten Dorf, erinnern: In Reimlingen war eine Klosteranlage mit einem Prior, und dort wurde eines Tages ein Schulungstag für Hitlerjungen durchgeführt, eine besonders infame Idee der Hitlerjugendführer. Da besuchte uns auch der Kreisleiter, und er traf sich hier mit dem Prior des Klosters, ich konnte es genau beobachten, wie sich beide begrüßten, der eine ganz in hellem Braun mit der Hakenkreuzbinde und seinen glänzenden schwarzen Schaftstiefeln, der andere, schwarz gekleidet mit einem goldenen Kreuz und einem Käppchen, der Abt des Klosters, vornehm und im Gespräch höflich, wie auch sein Gegenüber. Es machte den Eindruck, dass sich diese beiden Repräsentanten so ganz verschiedener Weltansichten gut unterhielten und verstünden, wie ich schon erwähnt habe. Jedenfalls war an diesem Tag nichts zu spüren von den damals überall deutlichen Gegensätzen, den Sticheleien in den Kirchenpredigten und Veröffentlichungen in der Tagespresse. So war es auf den unteren Ebenen des Zusammenseins von Kirche und

Partei meist an der Tagesordnung, mit Ausnahme von fest beken-
nenden und fast aggressiv auftretenden Kirchenleuten. In der
Schule hatten wir ja noch immer Religionsunterricht (bis zum Abitur bei den älteren Jahrgängen). Wir hatten einen Pfarrer, der zu-
weilen auch das Parteiabzeichen an seinem schwarzen Anzug
trug, also ein Geistlicher, der auch in der Nazipartei war. Doch hat
er in seinem Unterricht keine Ideen der Nazis vertreten, er lehrte
uns christliches Gedankengut, er war auch kein Anhänger der
Deutschen Christen. Vielleicht war er nur Mitglied geworden, um
so vor den vielen Hitlerjungen, die seine Schüler waren, besser
bestehen zu können und auf sie zeitnaher einwirken zu können. Er
war nicht unbeliebt, man nannte ihn das „Gaggele", vielleicht wegen seines eigenartigen Kopfes. Sein Sohn diente in General
Rommels Afrikakorps und ist in Nordafrika gefallen. Ein anderer
Pfarrer, der viel kritischer dem NS-Geist gegenübertrat, war ein
guter Prediger und Pädagoge. Er war nicht nur bei den Schülern
beliebt, christlich denkende Eltern verehrten ihn. Von der Kanzel
in St. Georg fiel manches kritische Wort zur NS-Politik. Doch als
eines Tages im Juni der Sonderzug Adolf Hitlers durch den Nördlinger Bahnhof in Richtung Brenner fuhr, wo sich Hitler und
Mussolini trafen, da rannte auch dieser Pfarrer zum Bahnhof, um
den Hitler zu sehen. Es war schon ein martialischer Anblick, als
der „Führerzug" mit Flakgeschützen auf den vorderen und hinteren Waggons im Nördlinger Bahnhof einrollte und dort eine kurze
Zeit anhielt. Hitler zeigte sich am Fenster und winkte den begeis-
terten Menschen zu. Es war ja kurz nach dem Ende des Frank-
reichfeldzuges, und manche glaubten, dass der Krieg schon zu

Ende sei. Oben auf den Waggons und in den Abteilen wachten die Angehörigen von Hitlers Leibstandarte.

Die Begeisterung teilte sich auch immer wieder der Jugend mit. Es war besonders eine eigenartige Stellung der Pfarrerskinder, die mit christlicher Erziehung plötzlich vor den Anforderungen eines nicht glaubensgeprägten Staates standen. Man konnte hier mehrere Möglichkeiten der Begegnung beider Lebensformen auch in unserer Stadt wahrnehmen: Entweder verhielt man sich von Seiten der Pfarrerskinder, so schien es mir, distanziert zu den braunen Behörden und beschränkte sich auf die notwendigen Kontakte: In den Beziehungen der Nachkommen von evangelischen Geistlichen hieß dies, dass man bei der Hitler-Jugend seinen Dienst machte, zur Wehrmacht einrückte und dort mehr das militärische Geschehen als das nationalistische Gehabe unterstützte. Man freundete sich mit Soldaten an, die die militärische deutsche Tradition pflegten, ganz im Sinne von Pflichterfüllung und Dienst am Vaterland und der Gemeinschaft mit anderen unter dem Regime leidenden Mitmenschen. Andererseits gab es auch junge Pfarrerssöhne, die sich bereitwillig in den Dienst des Nationalsozialismus stellten und auch ehrgeizig nach Führerstellen strebten, so etwa der Sohn eines Pfarrers, doch spielte dieser Junge keine herausragende Rolle in der Hitlerjugend. Mehr schon tat sich ein Pfarranhänger, also kein Pfarrerssohn hervor. Er verkehrte nach Wissen meines Bruders in einem Kreis um einen jungen Pfarrer. Dies war jedoch auch für einen Hitlerjungenführer nichts Unanständiges, freilich für die Hitlerjugendführung und die Parteioberen des Ortes wohl ein Fehlverhalten. Jedoch muss dies nicht sehr bekannt gewesen sein. Ich selbst wusste jedenfalls nichts davon. Natürlich sind all diese Beobachtungen nur subjektive Eindrücke.

Unser Stammführer, der unterhalb des örtlichen Hitlerjugendführers, dem Bannführer, stand, war ein Nachbar von uns. Er besuchte auch die Oberschule, ging dann aber nach der mittleren Reife, wohl aus Unlust oder anderen Gründen von der Schule weg und stellte sich ganz in den Dienst der Hitler-Jugend in unserer Stadt. Er hielt Heimnachmittage für HJ-Unterführer, bei denen Weltanschauungsfragen und anderes besprochen wurde. Ich kann mich noch ganz gut an einen solchen Schulungskurs erinnern. Es wurde über das Thema Weltanschauung gesprochen und zwar war diese Veranstaltung im damaligen Gymnasiumsgebäude im Zeichensaal abgehalten worden. Der Stammführer hatte es vielleicht so arrangiert, dass er seiner ehemaligen Schule und vor allem den Lehrern zeigen wollte, was er nun für ein Amt und einen Rang innehatte. Jedenfalls kamen viele Hitler-Jungenführer und hörten sich seinen Vortrag über die Weltanschauung an. Er begann mit einer rhetorischen Frage: „Was ist eine Weltanschauung?" Seine Antwort war eine bildliche: „Das ist so, wie wenn ich mit rosaroten Brillengläsern die Welt betrachte oder mit braunen Gläsern. Je nach Weltanschauung sehe ich die Welt, ihre Regeln des Zusammenlebens, ihre Sitten und Gewohnheiten. Es kommt also immer auf meinen Standpunkt an. Nur war die Frage nicht gestellt, wie komme ich zu meiner Weltanschauung. Sind es ethische Überlegungen – si-

cher bei den Nazis nicht an erster Stelle -, sind es rassische Überlegungen, die ja damals dominierend waren oder außenpolitische,
die man nicht offen aussprechen konnte. Da also nicht kontrovers
diskutiert werden konnte, blieb es eine recht oberflächliche Veranstaltung. Aber dem Stammführer konnte man ansehen, dass er
voller Genugtuung über die „Informationsveranstaltung" seine
Schule wieder verließ. Es war ein großer Auftritt in der Schule.
Er blieb in der Hitler-Jugend bis zum bitteren Ende. Nach seinem
Lageraufenthalt 1945 bei der amerikanischen Besatzungsmacht
im bayerischen Moosburg, wo er wegen seiner Naziaktivitäten
eingesperrt war, ließ er sich dann praktisch ausbilden und ging
dann nach Ausübung einer Praxistätigkeit ins Ausland, weil wohl
in Deutschland seine Berufschancen nicht sehr groß waren. Hier,
fern seiner Heimat, baute er sich eine neue Existenz auf und
wurde ein angesehener Bürger, auch ein Vertreter der deutschstämmigen Einwanderer in seiner Umgebung. Die Irrwege seiner
Jugendzeit hatten nach einer bedrohten Existenzsuche zu einem
Neubeginn in der Neuen Welt geführt. Die Unsicherheit des
menschlichen Lebens hat er wie viele seiner Altersgenossen wohl
tief quälend erlebt, um dann noch ein anderes Berufsdasein auf-
zubauen.

Selbstzweifel, Schuldgefühle und christliche Demut führten damals nach 1945 überall zu einer religiösen Aufbruchstimmung in
den Schulen, im Elternhaus und der ganzen Öffentlichkeit. Die
Kirchen waren bei jedem Gottesdienst sehr gut besucht, das Dä-

monische einer mehr gewalttätigen Machterfahrung in der NS-Zeit war von den Menschen gewichen. Den Urhebern wurde in Nürnberg der Prozess gemacht, dessen Details der Rundfunk in alle Bürgerstuben übertrug.

Doch meine Mitschüler und ich selbst konzentrierten sich allmählich immer mehr auf eine Studienmöglichkeit, was bei den zerstörten Städten mit Universitäten gar nicht so leicht war. Dazu kamen auch noch im Jahr 1948 viele Abiturienten älterer Jahrgänge, die aus dem Krieg zurückkamen oder eben aus der lange dauernden russischen Gefangenschaft entlassen wurden; erst 1955 holte ja Adenauer in zähen Verhandlungen mit der Moskauer Führung die letzten deutschen Kriegsgefangenen heim. Immer wenn ich diese ausgemergelten, gealterten und tieftraurigen Männer sah, sei es in Filmen oder auf den Straßen, da wurde ich von tiefem Mitgefühl ergriffen, weil ich wusste, was sie vom ersten Tag an in ihrer Gefangenschaft zu ertragen hatten. Es gab wochenlang keine geordnete Verpflegung für die Millionen Gefangenen, auch nicht für die eigenen russischen Bürger, da die Kriegszerstörungen und die gewaltigen Kriegskosten noch keine geordnete Versorgung der Bevölkerung des Riesenreiches ermöglichten. Wie dankbar war ich immer, dass ein gnädiges Schicksal mich vor diesem Leiden oder auch dem Tod bewahrt hatte.

Aber auch in unseren Besatzungszonen gab es beim Wiederaufbau ungeahnte Schwierigkeiten. Als ich nach dem Abitur Altphilologie studieren wollte, bekam ich zunächst in München eine Absage; hier wollte ich beginnen, da die Uni in meinen Fächern einen guten Ruf hatte und auch für mich als Sohn eines nicht vermögenden kleinen Beamten eine günstige Verkehrsverbindung zum Elternhaus hatte. Ich bekam ja, weil mein Vater bei der Bundesbahn war, einen Freifahrtschein, der mir eine günstige Fahrt von der Uni zum Heimatort erlaubte. Als fast mittelloser Student wollte ich diese günstige Gelegenheit wahrnehmen. Doch ich musste mir wegen der Absage in München einen anderen Studienort suchen, und so bewarb ich mich an der phil.-theologischen Hochschule Dillingen, wo man zwei Semester in meinen Fächern studieren konnte. Ich belegte hier Deutsch, Latein und Kunstgeschichte, Griechisch wurde hier nicht angeboten. Untergebracht war ich im Studentenheim der Hochschule und lebte hier mit einem anderen Studenten, der aus Norddeutschland stammte, zusammen. Beeindruckend an der Hochschule waren die Vorlesungen von Prof. Schnetz, der deutsche Philologie, vor allem Gotisch, Althochdeutsch und Mittelhochdeutsch lehrte. Auch meine damals noch geringen griechischen Kenntnisse, die ich mir im Selbststudium angeeignet hatte, halfen mir. So konnte ich im Seminar glänzend Wortzusammenhänge erklären und fiel dem Professor auf, doch auch andere Mitstudenten zeigten bei Prof. Schnetz großes Interesse an sprachgeschichtlichen Zusammenhängen. In guter Erinnerung habe ich den Prof. Schönberger, einen Altphilologen und einen recht guten Horazkenner. Mit Begeisterung las er seine Horazoden vor, wohl nicht mit der wissenschaftlichen Weite des später von mir verehrten Prof. Klingner in München, aber doch mit philologischer Akribie und guter Kenntnis der antiken Mythologie, Geschichte und horazischen Verskunst, die er immer sicher auf das griechische Vorbild zurückführte. Wie sehr er seinen Horaz liebte, hat er einmal durch einen anschaulichen Vergleich ausgedrückt: „Wenn neben mir ein Schweinebraten serviert wird und ein Horazgedicht daneben liegt, dann würde ich nach dem Horaz greifen." Ich spürte hier zum erstenmal, wie hinter den Oden des Horaz ein römischer Mensch stand, der des Politischen überdrüssig sich dem Genießen in der Welt hingab, aber oft voller Schwermut und doch wieder Gelassenheit seinen Lebensweg ging. Die Satiren und Episteln lernte ich erst bei Prof. Klingner in München kennen. Einen nachhaltigen Eindruck machten auf mich auch die Vorlesungen von Prof. Zoepfl, einem Kulturhistoriker von Rang. Natürlich gab es für Historiker und Altphilologen nur ein begrenztes Spektrum von Übungen und Vorlesungen, doch waren es weniger Studenten als an einer großen Universität und jeder kannte bald alle Mitkommilitonen. Nur hatte ich es leider versäumt, mich in die evangelische Studentengemeinde zu integrieren, zu der ich als evangelischer Student ja gehörte. Mein Zimmermitbewohner tat dies und erzählte mir öfters von den Begegnungen mit den Mitstudenten, die ich von den Vorlesungen und Übungen ja auch kannte. Da ich nicht sehr viel Unterhalt von meinem Vater bekommen konnte, bin ich fast jedes Wochenende nach Hause gefahren und habe dann Verpflegung und Wäsche geholt. Meine Mutter war eine sehr um mich sorgende Frau, mein Vater half ebenfalls mit seinem kargen Verdienst, es waren Eltern, die wegen ihres Sohnes Studium und Fortkommen auf vieles verzichteten, doch von ihrem Wesen und

112

ihrer Herkunft her eine einfache Lebensweise gewohnt waren. Es waren verehrungswürdige, fleißige und opferbereite Eltern, denen ich unsäglich viel zu verdanken habe. Ein klein wenig Dank an sie war meine Doktorarbeit über die Nördlinger Messe, die ich ihnen gewidmet habe. Nun zu dieser Arbeit einige Worte: Während meiner Studienzeit als Altphilologe habe ich mir schon gedacht, dass ich eine Doktorarbeit nicht über Themen philologischer Gebiete machen werde, da es hier zumeist nur um neue Deutungen zu den Werken der antiken Autoren ging, also nicht um das Erschaffen eines völlig neuen Werkes. Ich wollte ein Werk erschaffen, das zudem auch von der Wissenschaft und den Bürgern einer historisch alten Stadt erwünscht war. Da hat mir dann der Nördlinger Stadtarchivar eine Untersuchung über die Nördlinger Messe nahegelegt. Man kannte ihre Bedeutung aus anderen Veröffentlichungen, aber über ihre Geschichte gab es noch keine Dissertation einer deutschen Universität, wie ich selbst durch Nachforschungen feststellen konnte.

Es war natürlich notwendig, einen Doktorvater an der Universität München für meine Arbeit zu finden. Prof. Dr. Spindler, der Ordinarius für Bayerische Geschichte, erklärte sich nach meiner Bitte und dem Wunsch des Wirtschaftshistorikers und Leiters des Fuggerarchives in Augsburg, Prof. Freiherr von Pölnitz, bereit, meine Arbeit als Dissertation anzunehmen. Von Pölnitz, der vor allem durch seine große Fuggerbiographie, „Jakob Fugger, der Reiche", bekannt wurde und ein Wissenschaftler war, der sehr schnell Wichtiges von Unwichtigem zu unterscheiden wusste, nahm sich nun meiner Arbeit über die „Nördlinger Messe" an;

allerdings gab er mir nur ganz allgemeine Ratschläge, ich musste also selbst – wie es sich ja für einen Doktoranden gehört – das Konzept und erst recht die Erforschung des Gegenstandes ganz allein durchführen. Mir ging es nicht so wie einem anderen Doktoranden, dem ein Archivar die ganze Arbeit gemacht hat, wie er mir selbst sagte. Natürlich ist dies mit einer gewissen Vorsicht zu werten. Aber ich ging nun an meine Arbeit, forschte im Stadtarchiv Nördlingen alle Unterlagen durch, die Aussagen über die Nördlinger Messe enthalten konnten. Mein besonderes Augenmerk richtete ich dabei auf die Dimension des Handels bei der Pfingstmesse und den Personenkreis, der die Messe frequentierte. Denn dadurch ergab sich in erster Linie die Bedeutung der Messe im oberdeutschen Handelssystem. Selbstverständlich gehörten auch die verwaltungsmäßigen und organisatorischen Gegebenheiten zur genauen Darstellung des Themas, nur durften sie nicht der Schwerpunkt der Arbeit sein. Da stimmte mir Prof. von Pölnitz ohne Einschränkung zu. Neben dem Nördlinger Stadtarchiv besuchte ich dann alle Archive der Umgebung und entfernten Orten, soweit die Messe von Besuchern solcher Orte Nachricht gab. Ich musste Teile dieser Arbeit neben meiner Referendarausbildung am Theresiengymnasium in München erledigen. Nach meinem Studium in Dillingen bewarb ich mich an der Ludwig-Maximilian-Universität München und wurde dort angenommen.

Nun möchte ich noch einige Erinnerungen an meine Münchner Studentenzeit einfügen. Schwierig war es damals natürlich eine ordentliche Unterkunft zu finden. Durch einen Bekannten meines Vaters bekam ich ein Zimmer nicht ganz weit weg von der Uni; jeden Tag musste ich mit der Straßenbahn an zerstörten Häuserfronten vorbei zur Universität fahren. Im Hause meines Vermieters ging es recht bürgerlich zu, es war da noch eine Tochter, die ein Gymnasium in München besuchte. Sie war etwas verschlossen, vielleicht auch unsicher. An der Uni dozierten recht berühmte Professoren: Zuerst der weithin bekannte Prof. Schnabel, Verfasser einer mehrbändigen „Deutschen Geschichte im 19. Jahrhundert", was ein Standardwerk der Geschichtsschreibung ist. Dann sind zu nennen die Althistoriker Prof. Berve und Bengtson, zwei etwas gegensätzliche Persönlichkeiten, sowohl in ihrer Ausstrahlung als auch in ihrem wissenschaftlich-methodischen Diktus. Berve war ganz diszipliniert, streng in seinen Anforderungen, im Umgang mit den Studenten eher kontaktarm, in seinen Darbietungen, mündlich oder schriftlich, von einer exakten Formulierung und auch ausgezeichneten Wertung historischer Ereignisse und Persönlichkeiten. Ihn würdigten die Studenten mit einem „Caesar ipse". Prof Bengtson trat lockerer auf, fast jovial, er begegnete seinen Studenten mit Wohlwollen und zeigte in seinem Seminar pädagogisches Geschick. Er spendete oft Lob bei echtem Bemühen. In seinen Vorträgen und wissenschaftlichen Arbeiten zeigte er sich als nüchterner Wissenschaftler mit manchmal fast trockener Diktion, doch immer mit ganz umfangreichem wissenschaftlichen Apparat. Ich hatte zu ihm ein gutes Verhältnis, als er eine Professur an der Universität Tübingen übernommen hatte, lud er mich zu einem Besuch ein.

In der Altphilologie überragte natürlich Prof. Dr. Klingner, der Latinist und Horazkenner. Im Griechischen mangelte es an einer überragenden Persönlichkeit, Prof. Egermann konnte es nicht ganz sein, trotz großer Anstrengung und einer aufgesetzten Rhetorik.

Was hat mich an der Uni am meisten beeindruckt? Die Vorlesungen von Prof. Schnabel waren immer ein besonderes Erlebnis. Er trug gut vor, meist frei und sehr engagiert. Besonders habe ich noch seine Vorlesung „Die Zeit Bismarcks" in Erinnerung. Er beurteilte die Politik Bismarcks auch unter dem Aspekt, ob die kleindeutsche Lösung zwischen den Machtblöcken Russland einerseits und den Westmächten (Frankreich, England) auf lange Sicht richtig war. Großdeutsche Politiker und Diplomaten wurden in seine Betrachtung einbezogen.

Auch bei dem Latinisten, Prof. Klingner, dessen Oberseminar ich besuchte, lernte ich viel, so bei der Behandlung von Gedichten, vor allem bei den Oden des Horaz. Bei seiner differenzierten, den feinen Verästelungen des Ausdrucks nachgehenden Interpretation, konnte man viele Details wahrnehmen und ich versuchte dieses Aufspüren von verborgenen Werten nachzuahmen.

Der Althistoriker Prof. Bengtson zeigte uns im Seminar, wie man im allgemeinen wissenschaftlich arbeitet, wie man aus verschiedenen Quellen (Primär- und Sekundärliteratur) die für ein neues Thema wichtigen Belege sammelt, nach thematischen Gesichtspunkten ordnet und dann kritisch durchdenkt, auch mit Hilfe der gefundenen Belege, aber vor allem nach logischen Kriterien. Also man ging in einem Dreischritt vor: Sammeln, ordnen, kritisch durchdenken und formulieren. Man lernte dies nicht durch ein schulgemäßes Einpauken, sondern im Ausarbeiten eines Referates oder auch durch die Vorlesungen und Bücher des Professors.

So hatte ich das Glück bei bedeutenden Wissenschaftlern gute Kenntnisse in den alten Sprachen und Geschichte vermittelt zu bekommen. Weniger konnte ich in der mittelalterlichen Geschichte von dem Professor lernen, schon eher bei Prof. Spindler, meinem späteren Doktorvater, der mir zusammen mit dem Wirtschaftshistoriker Prof. Freiherrn v. Pölnitz solides Arbeiten vermittelte.

Im Staatsexamen im Jahr 1953 habe ich erfreuliche Ergebnisse erzielt und wurde dann in München in das Studienseminar am Theresiengymnasium aufgenommen. Nach der Referendarzeit, wo ich keine beeindruckenden Lehrerbegegnungen hatte, sollte ich dann in einer Schule, weit entfernt von meinem Heimatort, eingesetzt werden. Ich glaubte jedoch, dass ich in der Nähe meiner Eltern, die betagt und, vor allem meine Mutter, gebrechlich waren, weilen müsste, um ihnen behilflich sein zu können. Auch fühlte ich mich mehr in der württembergischen Gegend heimisch, mehrere Aufenthalte in Tübingen verstärkten meine Vorliebe für das Schwäbische. Die Schulverwaltung in Stuttgart bot mir als erste Stelle das Peutingergymnasium in Ellwangen an, also nicht weit von meinem Heimatort entfernt, ca 25 km. In Ellwangen habe ich in den vier Jahren meiner Tätigkeit am Peutinger-Gymnasium neben meiner Schularbeit die Dissertation weiter vorangebracht. An diesem Schulort, einem von Katholizität tief geprägten Ort im Osten des ansonsten meistens protestantischen Württemberg, konnte ich meine ersten Schulerfahrungen sammeln. Es gab hier zwei Internate der katholischen Kirche, in denen Jugendliche aus katholischen Familien mir kirchlicher Unterstützung ein staatliches Gymnasium besuchen konnten. Es waren dies das Josefinum und das Borromäum. Ich hatte dabei eine Klasse 9 in Latein und Geschichte, Schüler, die durch das gemeinsame Leben im Internat eine recht verschworene Gemeinschaft waren. Natürlich hatte ich es auch mit echten Lausbuben zu tun, die zudem nicht besonders lernwillig waren, also für einen Anfänger eine harte Arbeit und große Herausforderung bedeuteten. In einer Oberklasse musste ich Latein unterrichten, in einer Klasse 10 Griechisch und dazu noch fachfremd Sportunterricht erteilen. In letzterem Fall kam es eines Tages zu einer unvergesslichen Schulstunde: Als ich die Schüler für die Bundesjugendspiele vorbereiten wollte, fragte mich ein guter Geräteturner, ob er die Riesenwelle machen dürfe. Da ich ihm vertraute und zudem von der Ausführung der Übung keine Ahnung hatte, willigte ich ein. Doch das Unausweichliche musste eintreten. Der Schüler schwang sich anfangs kraftvoll um die Gerätestange, dann glitt er plötzlich ab und prallte mit einem lauten Knall an die Bühnenwand der Gemeindehalle, wo der Turnunterricht stattfand. Er brach sich einige Zähne und hatte eine starke Gehirnerschütterung. Der Schüler hätte nach Auskunft eines Sportlehrers seine Hände mit Magnesium einreiben müssen, was mir natürlich nicht bekannt war. Für mich war die Folge dieses Vorfalls recht eindeutig: Ich wurde von der Erteilung des Sportunterrichts sofort befreit, was mir natürlich nicht unangenehm war. Beim Schulleiter hatte ich auch so kein großes Ansehen mehr, zumal ich an der katholisch geprägten Schule auch noch einen evangelischen Religionsunterricht erteilte, wozu ich mich selbst beim evangelischen Pfarrer anbot. Mit Ende meines Sportunterrichtes wurde ich vom Schulleiter stärker kontrolliert, meine Griechischhefte hat er selbst einmal durchgesehen, konnte aber keine fehlerhafte Korrektur entdecken. Mein Unterricht in evangelischer Religion, den ich natürlich fachfremd gab, machte mir Freude. Einmal habe ich in das Tagebuch über den Inhalt meiner Stunde den dann im Lehrkollegium viel belächelten Satz eingetragen: „Wiederholung des Sündenfalls". Ich war ja nicht gewohnt, dass ein Tagebuch in jeder Klasse geführt wird und der Schulleiter dies am Wochenende abzeichnet. Es muss sich also so ereignet haben, dass der Schulleiter, einige gute Freunde im Lehrerzimmer hatte, die diesen Lapsus meinerseits dort verbreitet haben. Er war auch sonst ein intriganter Mann, der dann über solche Machenschaften auch sein Amt in Ellwangen verlor. Doch zuerst wurde sein Stellvertreter nach Crailsheim strafversetzt. Denn eines Tages klagte ein junger Kollege, dass seine Englischklassenhefte, die im Lehrerzimmer aufbewahrt wurden, durcheinander geraten seien und im Klassenarbeitsheft eines Schülers, sein Vater war der stellvertretende Schulleiter,

Fehler ausgebessert wurden, was unmöglich von ihm, dem Lehrer stammen könne. Der Schulleiter, dem der Vorfall von dem Fachlehrer gemeldet wurde, hat nach einem Gespräch mit dem Vater des Schülers und zugleich stellvertretenden Schulleiters, den er nicht besonders schätzte, und dem Englischlehrer herausgefunden, dass der Vater das Heft seines Sohnes aus dem Stoß herausgenommen und die Fehler selbst ausgebessert hat. Der Schulleiter berichtete seine Erkenntnisse dem Oberschulamt, da er auch selbst durch das Wissen des Englischlehrers und das Geständnis seines Stellvertreters keinen anderen Ausweg mehr sah. Die Behörde griff durch und versetzte den stellvertretenden Schulleiter. Nach einigen Monaten folgte dann ein noch spektakulärer Vorgang: Es war in Ellwangen das Gerücht aufgetaucht – vor allem durch Veröffentlichungen in der Faschingszeitung „Der Pennäler Schnitzelbank" - , dass der verheiratete Schulleiter des Gymnasiums mit einer Bäckersfrau ein Verhältnis habe, was natürlich nur ein Gerücht war. In der Faschingszeitung wurden nun einige Verse darüber mit einer kleinen Karikatur veröffentlicht. Sie zeigte, wie der Schulleiter unter einem Fenster stand und sehnsuchtsvoll nach oben zu seiner Geliebten schaute, die sich an einem Fenster zeigte. Der Direktor war darüber beleidigt und hat sich beschwert und zwar bei dem Verantwortlichen der Faschingszeitung. Doch das Gerücht wollte nicht verstummen. Nun kam noch folgendes hinzu: Die Tochter der Bäckermeisterin war in der Schule nicht gerade eine Musterschülerin und wäre im Abitur wohl durchgefallen, wenn nicht manche Lehrer, wohl auf Druck des Schulleiters, nachgeholfen hätten. Es war jedenfalls eine mysteriöse Sache.

Das Oberschulamt bekam davon Wind, ein Referent fragte mich zu dieser Zeit einmal, als ich in Stuttgart wegen meiner Versetzung vorsprach, was ich darüber weiß und was ich da tun würde. Ich sagte ihm, dass ich an seiner Stelle, er war nämlich der Referent der Schule, mich einmal an die Schule und zur Stadtverwaltung begeben und genaue Informationen sammeln würde. Dann träfe ich nach der Konsultation mit anderen Beamten des Oberschulamtes eine Entscheidung. Sicherlich wusste der Referent dies auch, aber er wollte wohl nur Meinungen von anderen Leuten hören, die im Ort und an der Schule Bescheid wussten. Nun, es kam, wie es kommen musste. Wenige Zeit später, als ich nach Ulm versetzt wurde, folgte mir der ehemalige Schulleiter ebenfalls nach Ulm, allerdings strafversetzt und zurückgestuft, er wurde als stellvertretender Schulleiter eines Ulmer Gymnasiums eingesetzt. Mein Weggang nach Ulm war wohl mehr eine Auszeichnung: Ich hatte vorher beim Oberschulamt Stuttgart um eine Versetzung gebeten, weil es mir in Ellwangen nicht mehr Freude machte, an dem Peutinger-Gymnasium zu unterrichten. Als ich dies meinem Referenten in Stuttgart vortrug, fragte er mich, wohin ich wolle: Ich sagte, dass ich in einer alten Reichsstadt aufgewachsen bin, nämlich Nördlingen, und dass ich wieder in eine solche alte Stadt ziehen möchte, so etwa nach Ulm. Diesem Wunsch kamen die Referenten nach und so wechselte ich 1959 nach Ulm an das Humboldt-Gymnasium, früher war es das humanistische Gymnasium, die älteste Höhere Schule in Ulm. Als ich nach den Sommerferien im Jahr 1959 die lange Bahnfahrt von Nördlingen nach Ulm antrat, war ich doch im Zweifel, ob ich die richtige Wahl getroffen hätte. Bei einem Gespräch mit dem Schulleiter vor der Schule, gerade fuhr die Straßenbahn vor, merkte ich, dass ich nun in einer Großstadt war, was mir als Kleinstädter zutiefst missfiel, liebte ich doch weniger die langen Straßen, freie Plätze, lange Autokolonnen und den wuseligen Fußgängerstau an den Ampeln, kurz die ganze Hektik war mir zuwider. Ich bat meinen neuen Schulleiter, mich doch bald in eine andere, kleinere Stadt zu versetzen. Er meinte nur, jetzt sei ich erst gerade angekommen und solle mich erst einmal eingewöhnen. Mir machte sein offenes Eingehen auf meine Probleme und seine feinfühlig-besonnene Art großen Eindruck, ich fühlte, ihm zuliebe müsse ich mich besonders anstrengen und so tat ich immer gerne etwas für das Gymnasium. Es war damals gerade wieder der Gedenktag des 17. Juni, wo man des Aufstandes der Bevölkerung am 17. Juni 1953 in der DDR gedachte und auch die Schule Festlichkeiten mancher Art veranstaltete. Meiner 9. Klasse, die ich damals in Geschichte unterrichtete, hatte ich den Vorschlag gemacht, dass wir zum Gedenken an die deutsche Einheit eine Karte malen könnten, in der die von der DDR verwalteten Gebiete eingetragen werden und, dass in Erläuterungen dazu die Sehenswürdigkeiten der bedeutenderen Städte eingetragen werden könnten. Es entstand eine große, übersichtliche Karte mit vielen Anmerkungen, recht beeindruckend für alle, die unsere Heimat in Mittel- und Ostdeutschland in Erinnerung behalten und nicht vergessen wollten. Jedenfalls hat auch die Presse über unsere Karte berichtet und meine Arbeit mit den Schülern lobend erwähnt. Es war im Unterschied zum Ellwanger Gymnasium auch eine andere Schülermentalität, die mir hier begegnete. Es waren geistig rege, interessierte Schüler, die besonders auch für das Griechische begeistert waren und denen mein geduldiger, manchmal auch humorvoller Unterrichtsstil gefiel. Meist kamen diese Schülerinnen – oft bestand die halbe Klasse aus Mädchen – und Schüler aus Elternhäusern, die auf guten Ton und ziviles Benehmen Wert legten. Man musste als Lehrer also nicht soviel Kraft auf Disziplin und einfachste Erziehungsgrundsätze verwenden, konnte also die Fachpädagogik und „gelebten Humanismus" in den Vordergrund rücken, freilich gab es auch in manchen Klassen die bekannten Disziplinprobleme, die ich aber gut meistern konnte, die Erfahrung half weiter.

Es gab Klassen, wo ich von den Schülern als idealer Pädagoge eingestuft wurde, so in einer Griechischabteilung. Da war auch eine Schülerin, die wohl für mich schwärmte und – ich war damals 31 Jahre alt und die Schülerin etwa 17 Jahre – mir auch gut gefiel. Nun war ich ja wohl ein freundlicher Lehrer und gab mir recht Mühe, auch ein guter Pädagoge zu sein. Ich merkte es schon, dass mich die Schülerin fast anhimmelte und einmal erwähnte ich auch, da die Klasse recht viele musikalische Talente hatte, dass ich für das Adagio aus dem Violinkonzert g-Moll von Max Bruch viel übrig hätte. Ich habe mir auch eine Platte gekauft und das romantische Stück in meinem Arbeitszimmer oft abgespielt. Denn 1963 hatte ich ein großes Einfamilienhaus in Einsingen bei Ulm gebaut und dort als Junggeselle auch ein stattliches Arbeitszimmer eingerichtet. Jedenfalls muss sich die Schülerin, die selbst eine sehr begabte Violinspielerin war und in Athen, wo sie später mit einem viel älteren griechischen Mediziner lebte und ein bekanntes Salonorchester gegründet hatte, für mein Lieblingsmusikstück auch interessiert haben. Denn beim Abschiedskonzert dieser Abiturientenklasse spielte sie zusammen mit dem Orchester dieses Violinkonzert und übernahm dabei den Violinsolopart.

Ich war natürlich sehr gerührt über so viel Bewunderung und vor allem Zuneigung, aber ich war mehr von ihrer Freundin angetan, einem blonden, blauäugigen Typ, die recht sportlich auftrat und etwas resolut wirkte. Doch außer einem Besuch der beiden Mädchen in München, wo sie studierten, wurde daraus nichts. Ich dachte so bei mir, dass beide nicht zu mir passten, mir, einem mehr bedächtigen, fast unsportlichen Mann, der gern studierte und mit seinen 32 Jahren sich nicht so recht in die Seelen von 19-Jährigen Mädchen einzufühlen vermochte. So tändelte ich als tenerorum lusor amorum hin und her, bis ich 1971 ein Mädchen in Nördlingen kennen lernte, das ein gütiges und hilfsbereites Naturell hatte und mich annahm, wie ich eben war. Sie stammte aus einer bekannten, alteingesessenen Nördlinger Familie, sie ist mir bis heute eine liebe und treusorgende Frau und Mutter meiner drei Söhne. Dafür sei Gott gedankt, der mich bisher so schützend durch das Leben geführt hat.

In Ulm erlebte ich viele Jahre eines Pädagogendaseins, das mir alle Seiten dieses Berufes nahegebracht hat. Ich begegnete hier, wie erwähnt, vor allem Schülern, die vom Elternhaus her schon eine gute Erziehung mitbrachten und auch in der Schule eine gewisse Freude am Lernen vermittelt bekommen wollten. Ich spürte, dass vor allem die griechische Sprache und Geschichte in mir den pädagogischen Eros auslösten und daher viele Schüler begeistern konnte. So war ein Schüler aus dem Bayrischen, dem Neu-Ulm nahegelegenen Finningen, ein eifriger Zuhörer in meinem griechischen Unterricht, später studierte er auch Altphilologie und wurde in München der Leiter des Wilhelm-Gymnasiums. Er verfasste eine griechische Wortkunde, die recht geschickt auch nach Wortgruppen gegliedert ist. Auch er schätzte den Prof. Bengtson in München besonders, dem auch ich viel verdankte. Dieser begabte und fleißige Schüler, heute noch Rektor des erwähnten, bekannten Münchner Gymnasiums, hat mir die von ihm verfasste Wortkunde mit folgender Widmung dediziert: „Meinem geschätzten Lehrer in tiefer Dankbarkeit". Dies erfreut natürlich einen Pädagogen immer wieder, vor allem wenn auch einmal kritische Worte über die eigene pädagogische Tätigkeit zu Ohren kommen. Wer ist schon ohne Fehler? So gab es natürlich auch Schüler, die ich manchmal durch ein unbedachtes Wort vor den Kopf gestoßen habe, Gott möge mir dies heute noch verzeihen. Man hat als Lehrer natürlich immer wieder nachgedacht, wie kann ich meinen Stoff interessant darbieten bzw. wie kann man neue Wege für effizientes Lernen finden. Da habe ich 1978 im Kreis meiner Geschichtslehrer den Vorschlag gemacht, einmal das Stadtarchiv Ulm zu besuchen, um im Gespräch mit den Archivaren, besonders dem Leiter, Herrn Prof. Dr. Specker eine Zusammenarbeit zu erreichen. Mir schwebte vor, die Geschichtsquellen, die im Stadtarchiv vorhanden sind, für einen anschaulichen und heimatnahen Unterricht, soweit sie für den allgemeinen Geschichtsunterricht in Frage kommen, zu sammeln und in einem Arbeitskreis für den Unterricht aufzubereiten. Als ich diese Gedanken dem Archivleiter vortrug, - eingeladen hatte ich meine Geschichtslehrer vom Humboldt-Gymnasium, dazu auch noch die vom benachbarten Kepler-Gymnasium – fragte mich Prof. Spekker, wie oft sich ein solcher Kreis nach meiner Meinung treffen sollte. Ich entgegnete, nach meiner Auffassung könnte er sich alle 14 oder 20 Tage treffen, je nach Fortschritt der Arbeitsergebnisse. So wurde es auch eingerichtet. Man beschloss dann noch einen neuen Termin, zu dem ich versprach, auch alle anderen Ulmer und Neu-Ulmer Geschichtslehrer an den Gymnasien einzuladen. Ich rief in den nächsten Tagen die Schulleiter dieser Ulmer und Neu-Ulmer Gymnasien an und bat sie, die Geschichtslehrer ihrer Schule jeweils von der Existenz eines solchen Arbeitskreises zu unterrichten und zum nächsten Termin einzuladen. Das von mir initiierte erste Treffen von Humboldt- und Keplergeschichtslehrern und Archivaren fand am 12. Oktober 1978 in den Gewölberäumen des Stadtarchivs Ulm statt. Mit den eingeladenen anderen Ulmer Geschichtslehrern fanden viele Sitzungen in den nächsten Jahren statt. Man gab den einzelnen Pädagogen dann die von dem Plenum ausgewählten Texte mit zur weiteren Ausarbeitung. In vielen Sitzungen wurden dann Diskussionen über diese Texte geführt, eine Auswahl getroffen und die pädagogischen Handreichungen hinzugefügt. So sind in mühevoller Arbeit viele Textloseblattsammlungen erarbeitet worden und im Jahr 1980 wurde die erste Textsammlung vorgelegt. Als allgemeines Ziel lässt sich sagen, man wollte „in loser Folge aussagekräftige Quellen zur Ulmer Stadtgeschichte vorlegen." Dabei sollte sowohl Anschauungsmaterial aus dem lokalen Bereich als auch Texte ausgewählt werden, die exemplarisch den Bezug zur großen nationalen und europäischen Geschichte herstellen. Diese Texte wurden dann auch methodisch-didaktisch aufbereitet. So entstand die Gliederung der Materialien in 1. Quellen und Handreichungen für den Lehrer und 2. Informations- und Arbeitsblätter für den Schüler. Die 1. Lieferung, die 1980 vorgelegt wurde, hatte den Titel: „Die freie Reichsstadt Ulm im Mittelalter und Neuzeit: Stadtentwicklung, Verfassung und Zünfte." In diesem Kreis arbeiteten also die Ulmer Archivare und die Ulmer Geschichtslehrer, die sich für dieses pädagogische Neuland interessierten, eng zusammen. Man kann sagen, dass sich von jedem Ulmer Gymnasium und anfangs auch vom Neu-Ulmer Gymnasium jeweils ein Geschichtslehrer, manchmal auch zwei, an diesem Projekt beteiligten, was bis heute noch weiter entwickelt wird.

Die weiteren Textsammlungen bezogen sich dann auf die Industrialisierung in Ulm, Parteiengeschichte und Wirtschaftskrise in Ulm, die Entwicklung der NSDAP in der Donaustadt, die Machtergreifung hier und schließlich der 2. Weltkrieg in Ulm und das erste Nachkriegsjahrzehnt. Dieser Ulmer Arbeitskreis fand Nachahmung in 5 Städten und hatte eine große Resonanz in der ganzen Bundesrepublik gefunden. Ich habe dieses Thema hier ausführlicher dargestellt, um auch in Nördlingen, meiner Heimatstadt, ein solches Unterfangen anzuregen. Denn die alte Reichsstadt Nördlingen bietet in ihrem vorzüglichen Archiv genügend

Materialien, die für einen anschaulichen und heimatnahen Unterricht in diesem Fach von großer Bedeutung sein können. Zudem kann hier vielleicht in einem engeren Kreis von Gymnasiallehrern ebenso intensiv gearbeitet werden wie in einer größeren Arbeitsgruppe. Vielleicht könnten in Nördlingen auch andere Schulen wie etwa Realschulen oder eine Wirtschaftsschule oder auch das Gymnasium in Oettingen mit einbezogen werden, was dann auch mit Texten aus dem fürstlichen Archiv die reichstädtischen Texte fortführen oder kontraproduktiv ergänzen könnte. Dies wäre eine sinnvolle und wohl einmalige Gelegenheit. An unserer Ulmer Schule habe ich noch ein zweites Unternehmen gestartet, das allerdings von meinen Kollegen nicht in gleicher Weise wie der Kreis „Archiv und Schule" geschätzt wurde. Ich entwickelte Lernspiele für die Fächer Latein und Geschichte. Sie sollten vor allem in der Mittelstufe dazu dienen, dass die Schüler mit mehr selbstständiger Gestaltung das Unterrichtsgeschehen bestimmen, mehr in einem Team arbeiten und auch der Wettbewerb innerhalb einer Klasse zu anspornender Freude und Zielstrebigkeit führt. Als einfaches Beispiel möchte ich folgendes Spiel anführen: Ich entwickelte ein Lernspiel zur russischen Geschichte, das davon ausging, dass die Schüler die Geschichte Russlands im 20. Jahrhundert im Unterricht behandelt haben, also in der 10. Klasse etwa. Um nun die Schüler zu eigenem Nachdenken und nochmaligem Rekapitulieren zu motivieren, habe ich die Köpfe von bedeutenden russischen Herrschern kopiert und auf einem DIN A4 Blatt am oberen Rand nebeneinander angeordnet. Unter diese Abbildungen mussten die Schüler dann Texte und Bilder in Kartengröße, die ich angefertigt habe, den jeweiligen regierenden Personen zuordnen. Alle Texte hatten Nummern und wer als erster richtig die Karten gelegt hatte, war der Sieger. Natürlich kann man das Spiel noch vielfach variieren: Etwa so: Wenn man die Schüler vor die Frage stellt, welche wichtigen Maßnahmen sind bei den einzelnen Politikern in den Texten nicht erwähnt worden und was sie mit dieser Politik erreichen wollten. Dabei kann natürlich auch das Unterrichtsbuch verwendet werden. Oder die Schüler ergänzen die jeweiligen Texte durch eigene Vorschläge, hier aus dem Ablauf der russischen Geschichte. Das Nachdenken und die Kreativität kann durch viele Varianten zu den Textvorgaben gefördert werden. Ich habe das Zusammenarbeiten von Archivaren und Lehrern auch dem damaligen Nördlinger Oberbürgermeister für die Nördlinger Gymnasialanstalt vorgeschlagen, doch er antwortete mir seinerzeit, dass es von den Lehrern nicht so schnell aufgegriffen wird, obwohl er es auch für eine gute Idee hielt.

Mit unseren ehemaligen Lehrern, besonders dem späteren Oberbürgermeister und seinem Vetter, der ein Gymnasium leitete, kamen wir ehemaligen Schüler bei den jährlichen Klassentreffen Ende September immer wieder zusammen. Der OB klagte mir einmal sein Leid über verschiedene Kontoversen im Stadtrat. Meines Wissens bedauerte er auch, dass die Errichtung eines Thermalbades in Nördlingen nicht zustande kam, dessen Bau auch ich gewünscht habe. Es fehlte eben, wie der OB meinte, eine sichere Perspektive in die Zukunft. Ich pflichtete ihm bei und lobte ihn wegen seiner vielen Neuerungen und Erfolge in der

Stadtpolitik, ganz zu schweigen von seinen zahlreichen Veröffentlichungen über die Geschichte seiner Heimatstadt. Immer noch ist sein Buch „Tore, Türme, Traditionen" ein Bestseller in der lokalen Nördlinger Geschichtsliteratur, mit Engagement und solider Kenntnis der Fakten geschrieben. Die Hermann-Keßler-Halle ist ein bleibendes Zeugnis seines Wirkens. Beim vorletzten Klassentreffen im Jahr 2000, als er 86 Jahre alt war, zeigte sich aber eine gewisse Gesundheitsminderung, er war vergesslich, verwechselte Personen und sein Sehvermögen war jetzt recht schlecht, ja er war fast blind und man musste ihm, wie schon Jahre vorher, beim Abendessen die Speisekarte vorlesen. Eine schwere Augenverletzung, die er sich bei einem Autounfall während einer Dienstreise zuzog, hatte bei ihm die Sehkraft eines Auges sehr stark vermindert, was im Alter noch schlimmer wurde. Sein Vetter, der ehemalige Schulleiter des Oberstdorfer Gymnasiums, zeigte auch im hohen Alter noch eine erstaunliche Rüstigkeit. Als ich ihn einmal in seinem elterlichen Wohnhaus in der Gerbergasse besuchte (ein altes Gerberhaus mit vielen Erinnerungen an die Vorfahren), konnte er mir noch vieles aus der großen Weltgeschichte erzählen. Er studierte in Königsberg bei dem berühmten Historiker Rothfels. Aber auch die Nördlinger Lokalgeschichte war ihm noch in guter Erinnerung: Er wusste noch von den Redakteuren der „Rieser Nachrichten", er erzählte mir von seiner Tätigkeit in der Deutschen Demokratischen Partei in der Weimarer Zeit und von den Schwierigkeiten, als die Nationalsozialisten immer mehr Zulauf fanden, und schließlich von den Zuständen in Deutschland, als die demokratischen Parteien immer weniger Anhänger fanden und die Arbeitslosigkeit immer größere Ausmaße annahm und so Hitlers Aufstieg ermöglichte. Er sammelte auch Schriftstücke seines Vaters, vor allem Feldpostbriefe vom Ersten Weltkrieg. Als Soldat hatte er wohl von bedrückenden Ereignissen der großen Materialschlachten im Westen geschrieben und dabei dieses Kriegsgeschehen als ganz schrecklich bezeichnet. Ein ähnliches Urteil hatte auch mein Vater gefällt, der ja an den Kämpfen um Verdun teilgenommen hatte. Auch er zweifelte immer wieder im nachhinein und nach vielen Jahren am Sinn solcher Kriege. Ich hatte ja in jungen Jahren Ähnliches gedacht. Ich näherte mich damals dem Standpunkt von überzeugter Kriegsunlust, weil mein Verstand immer mehr die Propagandareden durchschaute. Dazu trug auch bei, dass der öfters abgehörte Londoner Rundfunk, der in deutscher Sprache berichtete, die deutschen Kriegsmeldungen recht zweifelhaft erscheinen ließ.

Dies noch zu den Kriegen allgemein, die unsere Generation in voller Auswirkung in der Jugend, aber auch im frühen Erwachsenenalter miterlebte. Die Inflation, das Ende der Weimarer Republik und der Nationalsozialismus waren ja nur die Folgen des Ersten Weltkrieges, und der 2. Weltkrieg mit all seinen Opfern und Zerstörungen und Nachkriegsfolgen stand ja in engem Zusammenhang mit der vorausgegangenen Zeit. Möge unser neues Jahrhundert unter einem glücklicheren Stern stehen.

Nun noch einige Erinnerungen an das frühere Stadtbild. Die Stadt Nördlingen sah in meiner Jugendzeit natürlich noch ganz anders aus als heute. In der Kernstadt hat sich nicht sehr viel verändert, abgesehen von einigen Neubauten und einer anderen Verwendung von alten Gebäuden. Die Stadt hatte mit großem Glück den Zweiten Weltkrieg ohne nennenswerte Zerstörungen überstanden. Außerhalb der Stadtmauer hatte dagegen nach dem Krieg eine große Veränderung des alten Landschaftsbildes eingesetzt. Hinter unserem Haus am Bergergraben 13 war ja zu meiner Jugendzeit eine große Ackerfläche der Gärtnerei Beck, die ihren Hauptsitz vor dem Baldinger Tor hatte. Direkt hinter unserem Garten war ein großer Apfelbaum, auch sonst gab es im Beckschen Garten Obstbäume und natürlich viel Gemüseanbau. Die halbe Talbreite war noch unbebautes Ackerland. Wo heute die Fahrzeuge von Ulm kommend in die Stadt einbiegen, verlief ein Schienenstrang für die Lorenwagen der Sauerschen Lehmfabrik, die etwa dort ihre Fabrikstätten hatte, wo heute zum Teil das Wohngebiet „Ziegelei" ist. Hier wurden früher mit dem Lehm von der Talbreite Ziegel gebrannt. Ich erinnere mich noch gut, wie wir als Kinder oft in der Lehmgrube, also in der südwestlichen Talbreite, uns kleine Gefechte mit Lehmbrocken lieferten und uns mit meinen Kameraden aus der Nachbarschaft, dem Egon Mohr, dem Werner und Hermann Schröppel, dem Johannes Siebert und den Simonskindern, die alle in meiner Nachbarschaft wohnten, stundenlang hier austobten. Vielleicht darf ich hier eine Charakteristik dieser Schar einfügen: Der Egon war der Sohn des Stadtamtmanns Mohr. Diesem städtischen Beamten begegnete ich öfters am Hohlen Schänzle, wenn er mittags nach Hause ging. Es war ganz auffallend, dass er beim Heimweg auf dem Promenadenweg, dem

„Hohlen Schänzle", mit zwei Händen die Zeitung las und dabei seinen Weg ging, für mich eine absonderliche Erscheinung. Sein Sohn, der Egon, zeigte sich immer von einer unerschrockenen und unkonventionellen Art; einmal kletterte er eine Gaslaterne hoch – damals waren noch überall Gaslaternen - , rutschte dabei aus und beim schnellen Heruntergleiten bohrte sich eine eiserne Schraube in das linke Bein unterhalb des Knies. Er jammerte aber nicht viel. Er zeigte sich immer als richtiger Draufgänger, war aber ein gutmütiger Junge und zuverlässiger Kamerad. Er meldete sich als junger Mann im Krieg zu den Fallschirmjägern und ist nicht mehr heimgekehrt. Der Werner und der Hermann Schröppel entstammten einer benachbarten Bauernfamilie. Sie mussten – wie üblich – schon in ganz jungen Jahren bei ihren Eltern in allen bäuerlichen Arbeiten mithelfen. Wenn ich als Nachbarsbub zu diesen Arbeiten dazu kam, habe ich meist auch Hand angelegt, weil ich die beiden Schröppel-Buben nicht von der Arbeit abhalten wollte. Doch manchmal sah es schon so aus, und dann sahen mich die Eltern von Werner und Hermann nicht so gern. Aber man muss auch an die gewaltige Arbeitslast der Bauern damals denken, wo vor 60 Jahren noch nicht die vielen Maschinen im Einsatz waren. Der Werner hatte noch lange nach dem Krieg zusammen mit seinem Vater den Bauernhof weitergeführt, heute wird er nur noch in kleinem Umfang von Werners Sohn im Nebenerwerb genutzt. Der Hermann wurde bei der Bundesbahn Lokomotivführer, also das, was sich viele Jungen als Beruf wünschen. Zu seiner Großmutter, einer Frau Straß, deren Eltern die Walkmühle besaßen, hatte er nicht immer ein gutes Verhältnis, was vielleicht auch an der Eigenart der alten Dame lag. Beim Mühlespiel schummelte sie manchmal. Sie zog mit einem Finger, gleichzeitig nahm sie mit einem anderen Finger noch einen weiteren Stein mit. Dies machte sie so geschickt, dass es meist nicht bemerkt wurde. Dem Hermann gefiel so etwas natürlich gar nicht, wenn es manchmal bemerkt wurde. Mir ist noch ein netter Kommentar zum 2. Weltkrieg in Erinnerung, als schon Ende 1943 das Kriegsglück Deutschland immer mehr verließ. Die betagte Dame meinte damals lakonisch: „Viele Hunde sind des Hasen Tod".

Die Simonkinder, um andere Jugendfreunde zu erwähnen, vorab der Uwe, tauchten auch immer wieder in unserer Runde auf, auch die blonden Mädchen Ingeborg und Ingrid. Ihre Mutter war eine Norddeutsche aus Flensburg, der Vater ein bayerischer Schwabe. Er stand dem Landwirtschaftsamt in Nördlingen vor, ein recht zupackender Mann. Er ist später nach Kulmbach als Leiter des dortigen Landwirtschaftsamtes berufen worden. Dort wurde auch sein sechstes Kind geboren, was natürlich der Mutter viel Arbeit bescherte. Meine Schwester leistete dort ihr Pflichtjahr ab, sie berichtete immer von der vielen Arbeit in der Familie.
Zuletzt möchte ich noch den Sieber Johannes erwähnen, er wohnte und wohnt immer noch in der Walbergerstraße, einer Nebenstrasse der Herlinstrasse, wo der Mohr Egon, die Mohr Emmi und die Simons ihre Elternhäuser hatten. Der Sieber Johannes zeigte sich immer besonnen und bedächtig. Die Eltern hatten ein schmuckes Häuschen wie auch die Simons und die Mohrs. Der Johannes trat nach dem Krieg in den Bundesbahndienst ein und

wurde Zugschaffner, heute ist er längst im Ruhestand, wie auch die anderen Jugendfreunde, soweit sie noch leben.

Das also war die Mädchen- und Jungenschar, die in meiner Jugendzeit fast jeden Tag zusammenkam. Dazu gehörten natürlich auch meine Schwestern Helene und Gerda sowie mein Bruder Fritz, der als Vermisster im Krieg nicht mehr heimkehrte, eine schmerzende Wunde bis heute.

Nun zurück zum damaligen Stadtgebiet:

Das Gelände, in dem wir unsere Jugendstreiche verübten, war der Bergergraben, das Hohle Schänzle und die zum großen Teil noch unbebaute Talbreite. Auch sonst war Nördlingen noch meist von Feldern und Wiesen umgeben. Die Straße, die nach Reimlingen führt, war nur an den Rändern bebaut, weiter draußen war ein Arbeitsdienstlager, doch wo heute das Sportzentrum sich ausdehnt und Wohngebiete sind, sah man nur weites, fruchtbares Ackerland. So war es auch im heutigen Industriegebiet in Richtung Löpsingen. Die erste große Industrieanlage hier und in Nördlingen überhaupt war die Metallfabrik Westhausen, die in den Kriegsjahren ab 1942 ein großes Werk auf dem Gelände der späteren Hofer Spinnerei errichtete. Ich kann mich noch erinnern, dass der damalige OB zahlreiche Industrielle nach Nördlingen einlud. Wir Hitler-Jungen mussten das Gepäck der vor allem aus dem Ruhrgebiet anreisenden Industriellen vom Bahnhof in das gegenüberliegende Bahnhofshotel tragen, wo auch der OB die Herren begrüßte. Die Metallfabrik Westhausen hat sich dann wohl mit ihren Vorstellungen durchgesetzt und baute nun eine große Munitionsfabrik, es wurden vor allem Kartuschen in Nördlingen gefertigt. Nach dem Krieg entstand hier – wie schon gesagt – die Hofer Spinnerei und allmählich kamen immer neue Firmen in diesem Industriegebiet hinzu. Ebenso weitete sich nach der Wemdinger Unterführung, wo es vor dem Krieg nur wenige Häuser gab, das Stadtgebiet immer weiter aus. Ähnlich sah es nach dem Krieg vor den übrigen Stadttoren aus. Unberührt blieb natürlich das Nördlinger Naherholungsgebiet, die Marienhöhe, mit dem Wanderweg zum Adlersberg und dem Reimlinger Wäldle weiter zum Schlachtendenkmal von 1634 auf dem Albuch. Hier konnte ich mich in der Jugendzeit und später immer wieder auf vielen Wanderungen entspannen und die Rundblicke in die Riesebene mit dem Kleinod Nördlingen in der Mitte genießen.

Heute wohne ich in Ulm-Einsingen in einem Gebiet, wo Spazierwege in nahe Anlagen und Waldgebiete führen und auch nach dem Ulmer Zentrum bestehen gute Busverbindungen durch den Nahverkehr. Das Einfamilienhaus hatte ich 1963 gebaut, als ich fühlte, dass ich in Ulm einen Dienstort gefunden zu haben glaubte, der meinen Vorstellungen entsprach und auch zur Tradition passte. Ulm war wie Nördlingen eine alte Reichsstadt, einst an der Spitze des Schwäbischen Städtebundes, zu dem auch Nördlingen gehörte. Die Nördlinger weilten oftmals in Ulm zu den Bundessitzungen. Es ist heute eine Großstadt mit dem berühmten Münster, an das mich eine Photographie in meinem Nördlinger Studierzimmer schon früh erinnerte. Auch die Umgebung Ulms hat mich eingenommen: ringsum leicht ansteigende Hügel, die

Vorboten der Schwäbischen Alb, mit oft weitreichendem Blick über das Donautal bis zu den Bergspitzen der Alpen, die man bei schönem Wetter gut sehen kann. Dazu ist Ulm nicht weit entfernt von bekannten Touristengebieten wie Bodensee, Allgäu und dem Remstal. So bin ich nun also ein richtiger Schwabe geworden und wohne nun schon 44 Jahre hier zusammen mit meiner Frau Christl, ebenfalls einer Nördlingerin, einer geborenen Goschenhofer mit weitverzweigtem Ahnenstamm. Unsere drei Söhne machten in Ulm alle Abitur und haben sich nach verschiedenen Studiengängen eigene Existenzen aufgebaut. Natürlich sehen ich auch immer noch gerne meine Heimatstadt Nördlingen.

In Ulm habe ich früh im „Historischen Verein" als Mitglied an den Sitzungen teilgenommen und auch mehrere Aufsätze zu Ulmer Themen veröffentlicht, auch einen Aufsatz in der „Vierteljahrschrift für Sozial- und Wirtschaftsgeschichte" im Jahr 1990. Daneben schrieb ich auch Aufsätze in der altsprachlichen Zeitschrift „Die Anregung" zu Themen des altsprachlichen Unterrichts. Im Jahr 2005 erschien mein Buch „Ein Weg in die Zukunft", das die politischen Arbeitsgemeinschaften in der Bundesrepublik nach 1945 behandelt. Da ich selbst am Nördlinger Gymnasium in einer solchen Arbeitsgemeinschaft mitwirkte, glaubte ich hier eine Lücke in der Nachkriegsliteratur füllen zu müssen. Dieses Buch ist inzwischen auch in 13 deutsche Universitätsbibliotheken aufgenommen worden. Dies alles wurde aber nicht geschrieben und auch hier nicht erwähnt, um einer gewissen Eitelkeit zu frönen, sondern weil ich glaubte, für die

Nachwelt Einiges auf solchen Gebieten überliefern zu müssen, wo ich ein Spezialwissen hatte oder besondere Kenntnisse und Erfahrungen in der deutschen Nachkriegsgeschichte in meiner Erinnerung waren. Dazu gehört auch meine Mitgliedschaft in der CDU. Ich glaubte nämlich nach dem Krieg, da ich mich mit der deutschen Katastrophe als Historiker mehr beschäftigte, dass jeder Bürger in einer Demokratie sich um die Politik im großen und kleinen Rahmen kümmern müsse. Die Demokratie lebt vom Engagement seiner Bürger. Nur welcher Partei sollte ich den Vorzug geben? Da erinnerte ich mich an ein Gelübde, als ich in russischer Gefangenschaft war, wo ich vor mich hinsprach, dass ich dem Allmächtigen immer dienen werde, sofern er mich von der russischen Gefangenschaft bewahrt. „Ich will zu einer christlichen Partei gehen, immer die Kirche besuchen usw." Und so trat ich dann in die CDU ein und zwar in Ulm, wo ich mich zuerst in der „Jungen Union" betätigte. Natürlich wusste ich damals, dass es auch in den anderen Parteien Christen gab und gibt und dass auch hier christliches Gedankengut Eingang gefunden hat, es kommt nur auf die Perspektive an. In der Jungen Union lernte ich einmal das Erscheinungsbild der CDU kennen, zum anderen traf ich auf Menschen aller Schichten, was ich für ganz wichtig halte, und dort sah ich auch, wie und mit welchen Mitteln politische Entscheidungen in einer Demokratie vorbereitet werden. Herausgreifen möchte ich die Besonderheit des Zusammenarbeitens mit allen möglichen Leuten. Der Leiter der Jungen Union war damals ein Redakteur, der einmal vor einer Landtagswahl einen Einsatz der jungen Union mit Rednern aus unserem Kreis organisierte. Da traf man sich z.B. mit einem Gerichtsvollzieher, einem noch ganz jungen Bürgermeister eines Dorfes, dann mit dem späteren OB von Stuttgart Manfred Rommel, einem späteren OB von Ulm und vielen anderen jungen Leuten. Mir fiel bei dieser Aktion dabei als Redner die Aufgabe zu, in einem nördlich von Ulm gelegenen Dorf eine Wahlrede zu halten. Wer nicht als Redner eingeteilt war, begleitete den Redner, um in der Diskussion und auch sonst Hilfestellung zu leisten. Ich erinnere mich noch gut an eine lustige Begebenheit: Wir wurden in dem Dorf als Wahlredner der CDU vom Bürgermeister begrüßt. Dann legte ich mit meinen Argumenten los, die ich von Wahlinfos der Partei und eigenen Überlegungen zusammengestellt hatte. Es ging recht gut, danach fuhren wir zum nächsten Ort meines Auftretens, es ging nachts über Feldwege, wir verirrten uns bei dieser Tour und plötzlich standen wir vor einem Misthaufen. Wir brachen in ein lautes Gelächter aus, drehten um und hofften, dass wir noch rechtzeitig unser Ziel erreichen könnten, was dann auch geschah. Für einige Jahre war ich auch zum Vorsitzenden des Evgl. Arbeitskreises der Ulmer CDU gewählt worden, ich hielt einige Versammlungen ab und wurde dann auch in den Landesvorstand des Evgl. Arbeitskreises in Stuttgart berufen. Die Leitung hatte ein Bundestagsabgeordneter, so bekam ich auch Kontakt zu bekannten CDU-Politikern unseres Landes. Natürlich musste man oft von den katholischen Mitgliedern die Frage hören, „Was soll denn der Evgl. Arbeitskreis?" So jedenfalls fragte mich auch mein früherer Kollege am Humboldt-Gymnasium und späterer Bundestagsabgeordneter Herbert Werner. Ich antwortete ihm: „Wir Evangelische haben nicht die Tradition des Zentrums, der katholischen Partei aus zurückliegender Zeit, die evgl. Christen sind nicht so stark auf eine Partei fixiert gewesen und es wäre anders gekommen, wenn 1933 schon die Katholiken und Evangelische besser zusammengehalten hätten, das müssen wir jetzt unseren Glaubensgenossen im politischen Raum deutlich vermitteln, daher der EAK. Auch müssen wir auch auf eine gute Vertretung in den führenden Stellungen achten." Mit solchen Fragen und vor allem mit den Themen zur aktuellen Politik, wie der Wiedervereinigung, mussten wir uns immer auseinandersetzen. Probleme hatten wir in der CDU auch bei der Gemeindereform und den Eingemeindungen. Der Vorgänger des Bundestagsabgeordneten Herbert Werner in Ulm war ja kein geringerer als Prof. Dr. Ludwig Erhard, der ja lange Zeit das Ulmer Mandat innehatte und als Vizekanzler und Bundeswirtschaftsminister für seinen Wahlkreis viel erreicht hat. Aber auch den Kontakt zu den Ulmern hielt er durch viele Vorträge und Besuche aufrecht. Auch im Politischen Arbeitskreis Oberschulen, hier Ortsverband Ulm, hielt er 1960 einen Vortrag vor unseren Schülern. Der PAO ist ja zuerst in Ulm als das Politische Seminar der Ulmer Jugend 1955 in Erscheinung getreten, als ein Ableger der Ulmer Schülermitverwaltung an den höheren Schulen. Später entwickelte sich dann bundesweit der PAO, was ich ja in meinem Buch „Ein Weg in die Zukunft" (DWV-Verlag, Baden-Baden, 2005) genauer dargestellt habe. Nun zurück zu Prof. Erhard und seinem Vortrag vor dem Ulmer PAO 1960. Die Turnhalle des Humboldt-Gymnasiums, also meiner Schule, konnte mühelos gefüllt werden. Ein Schüler berichtete mir, dass der

Herr Minister und Ulmer Abgeordnete sich sogar dem Rauchverbot in der Halle schmunzelnd fügte. Er war der einzige, der eine dicke Zigarre, so wie meist, rauchte. Die Schüler quittierten sein Verhalten mit einem anerkennenden, fröhlichen Beifall.

Eine andere, länger währende politische Entwicklung in unsrem Land verdient doch eine Erwähnung, da ich mich auch hier engagierte: Es war die Gemeindereform. Nach Ulm sollten eine Reihe von Gemeinden eingegliedert werden, darunter auch meine Wohngemeinde Einsingen. Einsingen war nur mit knapper Mehrheit in den Ulmer Eingemeindungskatalog aufgenommen worden, den ein Reformausschuss des Landtages von Baden-Württemberg zusammengestellt hatte. Ich habe damals mich auch einer Bürgergruppe „Einsingen-Ulm" angeschlossen, die eine Eingemeindung nach Ulm befürwortete. Dazu wurden auch mehrere Flugblätter von uns verbreitet. Man hätte auch mit Erbach enger zusammenarbeiten können. In Einsingen warb der Ulmer Oberbürgermeister Dr. Lorenser – zugleich Landtagsabgeordneter – für die Eingemeindung nach Ulm, doch in einer anderen Bürgerversammlung votierten der Landrat Dr. Bühler und Bürgermeister Bulling von Erbach für den Anschluß mit Erbach, alle CDU-Mitglieder. Dr. Lorenser musste bei der Versammlung eine klare Ablehnung der Anwesenden zur Kenntnis nehmen, die überwiegende Mehrheit plädierte für Erbach. Doch nach der Bürgeranhörung in Einsingen (wie auch bei den anderen Eingemeindungsdörfern) am 20. Januar 1974 sah es ganz anders aus: Für Ulm stimmten 537 gleich 72,5%, gegen Ulm 204 gleich 27,5%.

Also hatte sich die Einsinger Bürgerschaft mit überwiegender Mehrheit den Argumenten unserer Bürgergruppe angeschlossen, der Einsinger Gemeinderat hat sich später ebenfalls für die Eingemeindung nach Ulm entschieden, obwohl er vor der Bürgeranhörung noch dagegen war. Am 11. Mai 1974 kam der Eingemeindungsvertrag zustande. Nicht alle Gemeinden, die vom Landtag für die Eingemeindung nach Ulm vorgesehen waren, stimmten bei der Bürgeranhörung ja für Ulm; Gögglingen und Lehr widersetzten sich bei der Bürgeranhörung dem Ulmer Begehren, am nachhaltigsten Lehr, wo 86,7% gegen Ulm votierten. Doch es half alles nichts, auch sie wurden eingemeindet, das Gesetz des Landtages konnte die Lehrer und Gögglinger Interessen vor der Eingemeindung nicht retten. So waren die Bürgeranhörungen doch wohl nur ein Stimmungsbarometer, aber der Volkswille konnte sich nicht überall gegenüber Landesinteressen durchsetzen. So musste ich auch hier erleben, dass viele Emotionen auch in unserer Gemeinde Einsingen aufkamen und sich auch fast persönliche Feindschaften entwickelten. Doch die Zeit heilte auch diese Wunden, vielleicht auch in der Erkenntnis, dass der einzelne Bürger gegen die Ordnungen und Mehrheiten der Gesellschaft nichts ausrichten konnte, auch wenn einmal ein Gemeinderat in einer Gemeinde den Ulmer Oberbürgermeister bei der Krawatte gepackt haben soll. Der OB war ja auch der Landtagsabgeordnete, der am Eingemeindungsgesetz mitgewirkt hatte. Allmählich kehrte wieder Ruhe in den Gemeinden ein, in Ulm wie auch anderwärts, man vertraute einander wieder, neue Bürger übernahmen Verantwortung und Aufgaben, man sah und sieht seine Person nicht immer als so wichtig an und denkt daran, dass viele Generationen an jeglichem Fortschritt beteiligt sind. Als einzelner Mensch muß man vielleicht nur auch ein wenig klug sein und an die Zukunft denken, gemäß dem lateinischen Wort: „Quidquid agis, prudenter agas, et respice finem", d.h. „Was Du auch immer tust, handle klug, und bedenke das Ende" Dieses Wort möchte ich weitergeben an kommende Geschlechter, wenn wieder einmal Unwetter am bisher heiteren Firmament vorüberziehen. Gott möge diese Menschen schützen.

Fotogalerie

Meine drei Geschwister und ich auf der Treppe unseres Hauseingangs am Bergergraben 13, Nördlingen. ganz links ich, mit der Hand auf der Mauer, daneben mein Bruder Fritz, oben meine Schwester Helene, ganz rechts meine Schwester Gerda.
Ich war damals 5 Jahre alt.

Meine Geschwister und 2 Freunde aus der Nachbarschaft. Ich hatte meinen Lieblingsbären bei mir, mein Bruder einen Hasen.

Ich im Alter von 10 Jahren in
unserem Garten.

Meine drei Freunde in HJ-Uniform
(von links) :
Egon Mohr, Werner Schröppel und
Johannes Sieber

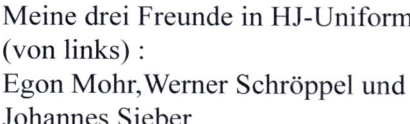

In der ersten Grundschulklasse im Schuljahr 1935 / 36 mit den Lehrern Hofielen und dem Hilfslehrer Schweizer, später Autohaus Schweizer. Auffallend sind die großen Bänke und die starre Haltung der Schüler. Im linken Schülerblock sitze ich in der dritten Bank außen.

Die erste Klasse der Oberschule Nördlingen im Schuljahr 1939/40 mit unserem Klassenlehrer Prof. Schorr. Ich stehe in der ersten Reihe ganz außen, mein Mitschüler legt den Arm auf meine Schultern.

Unser Abiturjahrgang 1948 mit den unterrichtenden Lehrern.
Ich stehe in der ersten Reihe, zweiter von links.

Ein Freundeskreis: stehend von links: meine Schwester Helene,
Emmy Mohr, meine Schwester Gerda. Sitzend von links: Heini
Bauer und Bimbi Böhnlein.

1948, vor meinem Studium.

Mein Bruder Fritz im Garten,
kurz bevor seiner Einberufung
zum Militärdienst.

Zusammen mit meinem Freund Hans Aumüller, der zum Dr. rer. nat. promovierte und Dipl. Ing. war; er starb mit 40 Jahren an einer Operation.

Hier betreute ich eine Klasse am Humboldt-Gymnasium bei einem Klassenausflug.

Wir feierten 1998 das 50-jährige Abitur mit unserem ehemaligen Lehrer Herrn Dr. Keßler, der Oberbürgermeister der Stadt Nördlingen wurde. Von links: Stud. Dir. Sepp Eberl, Riedlingen, OB Dr. Keßler, Dipl. Ing. Helmut Münderlein und ich.